AF150140

Das Kindergesangbuch

DAS KINDER-GESANGBUCH

Herausgegeben von Andreas Ebert
in Gemeinschaft mit
Ulrike Wilhelm, Johannes Blohm, Kirsten Fiedler,
Werner Küstenmacher und Karl Mehl

CLAUDIUS

Print product with financial
climate contribution
ClimatePartner.com/12440-2405-1002

MIX
Papier | Fördert
gute Waldnutzung
FSC® C023577

16. Auflage 2024
210-216. Tausend
Copyright © Claudius Verlag 1998
www.claudius.de
Alle Rechte vorbehalten. Das Werk darf – auch teilweise –
nur mit Genehmigung des Verlages wiedergegeben werden.
Umschlaggestaltung und Illustrationen im Innenteil:
Werner Tiki Küstenmacher
Notensatz und Layout: Presto Musik, Stödtlen
Gesetzt aus der Frutiger und der Kids
Gesamtherstellung: bookwise medienproduktion gmbh, München

ISBN 978-3-532-62220-9

Inhalt

Der Tageslauf

Der Jahreslauf

Lebenslauf

Liebe Kinder!

Singen ist etwas Wunderbares. Wenn wir uns freuen, können wir das oft durch ein Lied viel besser ausdrücken als bloß mit Worten. Und auch wenn wir traurig sind, kann uns manchmal ein Lied trösten oder sogar wieder froh machen.

Gott ist unser Freund. Das ist so schön, dass man es kaum fassen kann. Deshalb haben die Menschen seit vielen tausend Jahren immer wieder neue Lieder gedichtet und komponiert, um von Gott zu singen und zu sagen. Einige dieser Lieder kennt ihr. Viele von ihnen findet ihr hier in eurem Kindergesangbuch. Ein eigenes Gesangbuch für Kinder habt ihr jetzt! Das wurde höchste Zeit. Denn es gibt so viele schöne Lieder, die Kinder gerne singen. Aber im „großen" Gesangbuch fehlen sie.

Darum haben wir drei Jahre lang gesucht und gesammelt, gedichtet und Melodien geschrieben. Wir hoffen, das Ergebnis gefällt euch. Ihr findet bestimmt viele eurer Lieblingslieder wieder. Und viele neue Lieder, die ihr schnell lernen könnt. Eine Extra-CD kann euch dabei helfen.

Ihr werdet bald merken, dass euer Kindergesangbuch fast genauso aufgebaut ist wie das Gesangbuch der Großen: Ihr findet Lieder zum Tageslauf und zum Jahreslauf, zu besonderen Ereignissen in eurem Leben und zum Kindergottesdienst.

Neben den Liedern gibt es auch Gebete, kleine Geschichten, Spiele und Tips in diesem Buch. Ihr könnt das Buch in der Schule verwenden und in der Kirche. Abends können eure Eltern mit euch aus diesem Buch beten und singen.

Auf jeden Fall wünschen wir euch viel Freude mit dem Kindergesangbuch. Uns hat es viel Spaß gemacht, dieses Buch für euch zu schreiben.

Ulrike Wilhelm, Johannes Blohm, Andreas Ebert,
Kirsten Fiedler, Werner Küstenmacher, Karl Mehl

Hier noch einige Hinweise für alle, die ein Instrument spielen:

Spielst du Blockflöte?
Schön, denn wir haben die Tonarten im eurem Kindergesangbuch so ausgewählt, dass du fast alle Lieder mit deiner Flöte spielen kannst. Sehr viele Melodien kannst du auf deiner Sopran-Flöte (C-Flöte) begleiten, für einige brauchst du die etwas tiefere Alt-Flöte (F-Flöte).

Du hast sogar ein Xylofon?
Viele Lieder lassen sich gut mit einem Xylofon begleiten. Du kannst die Melodie nach den Noten mitspielen – aber das ist oft recht schwierig. Deshalb ein Tip: Guck dir mal die Buchstaben über den Notenzeilen an – da findest du zum Beispiel ein F oder ein d oder ein A. Auf den einzelnen Xylofonstäben wirst du diese Buchstaben wiederfinden. So kannst du eine ganz einfache Begleitung mitspielen. Besonders schön klingt es auf den etwas tieferen Xylofonen (Alt, Tenor oder Bass).

Spielst du Gitarre?
(oder vielleicht deine große Schwester?)
Die Buchstaben über den Noten sind eigentlich gedacht für Gitarrenspieler und Klavierspieler. Es sind Harmonien (oder „Gitarrengriffe"), die wir so ausgewählt haben, dass du sie auf der Gitarre gut spielen kannst.
Die Griffe sind angegeben in der „deutschen" Schreibweise: Große Buchstaben bedeuten Dur-Akkorde, kleine Buchstaben Moll-Akkorde. Fis-Dur heißt bei uns Fis (und nicht wie in amerikanischen Büchern F#). Die Begleitung ist so einfach wie möglich gestaltet. Etwas schwierigere Griffe sind eingeklammert: Die kannst du weglassen, wenn du willst.

Wenn zum Beispiel dasteht:
      C   (A⁷) F (d) C
Dann ist die einfache Begleitung:
      C   F   C
Und die schwierige, schöner klingende:
      C   A⁷   d   C

Wenn dir die Griffe immer noch zu schwierig vorkommen – gib nicht gleich auf! Sieh zuerst mal nach, ob du nicht ganz am Ende des Liedes eine Zeile findest, die zum Beispiel so aussieht:

Capo III: I D A I G D I e A I D ...

Das sind Griffe in einer anderen Tonart, die einfacher zu spielen sind – probier's mal! Die Striche zwischen den Buchstaben entsprechen dabei den Taktstrichen der Notenzeilen – wenn du willst, schreibe dir diese anderen Griffe über die Noten drüber. Nun kann es aber ein Problem geben, wenn auch die Flöte mitspielen möchte – dann passt nämlich die Tonart nicht mehr. Aber da gibt es einen Trick, den „Capo-Trick". Wenn vor den Griffen „Capo III" steht, dann befestige einen Kapodaster auf dem dritten Bund deiner Gitarre, und schon stimmt die Tonart wieder mit der Flöte zusammen. Ein Kapodaster ist ein Gerät, das auf den Gitarrenhals gesetzt wird und alle sechs Saiten auf einmal herunterdrückt. Frag mal bei deinem Musiklehrer oder in einem Musikgeschäft nach – die helfen dir bestimmt!
Übrigens: Wenn du ein Lied mit den „Capo-Griffen" begleitest und jemand anderes die „normalen" Griffe über den Notenzeilen auf einer zweiten Gitarre spielt, dann gibt das einen besonders schönen, vollen Klang. Viel Spaß!

Der Tageslauf

Tageslauf: Am Morgen

Meine Augen sind erwacht

Jeden Morgen geht die Sonne auf. Wir erwachen. Ein neuer Tag beginnt. Wenn die Sonne abends wieder untergeht, haben wir viel erlebt. In der Nacht ruhen wir uns aus und sammeln neue Kräfte.

Sieben Tage sind eine Woche. Der Sonntag ist ein besonderer Tag. Gott will, dass wir alle an einem Tag ausruhen können. Wir haben Zeit füreinander, z. B. zum Spielen. Christen in der ganzen Welt feiern sonntags Gottesdienst.

Gott hat uns die Zeit geschenkt: den Morgen und den Abend, den Tag und die Nacht, den Alltag und den Sonntag.

Heut ist ein Tag, an dem ich singen kann 1

1. Heut ist ein Tag, an dem ich sin-gen kann,
heut ist ein Tag, an dem ich sin-gen kann.
Ist das nicht ein Tag, an dem ich froh sein kann?
Ja, das ist ein Tag, an dem ich froh sein kann.

2. ... lachen   3. ... klatschen   4. ... rennen
5. ... schnarchen   6. ... flöten

T.: Lore Kleikamp; M.: Detlev Jöcker; aus: MC, CD und Liedspielbuch „Elefantis Liederwiese"
Rechte: Menschenkinder Verlag und Vertrieb GmbH, Münster c/o Melodie der Welt GmbH & Co, KG, Frankfurt/Main

2 Guten Morgen, schöner Tag

Gu-ten Mor-gen, schö-ner Tag, du lachst mich freund-lich an! Gu-ten Mor-gen, schö-ner Tag, ich freu mich, dass ich le-ben kann.

Fine

1. Hab ge-schla-fen tief und fest, ich fühl mich rich-tig gut. Dan-ke, lie-ber Gott, denn ich hab heu-te wie-der fri-schen Mut.

D.C. al Fine

2. Freut euch an der Sonne,
auch wenn sie einmal nicht lacht;
so wie Gott bringt sie uns Licht,
das alle Menschen glücklich macht.
Guten Morgen...

T. und M.: Andreas Hantke; aus: „DUWIEDAVID" (CD)
Rechte: Strube Verlag GmbH, München

Morgenlicht leuchtet **3**

1. Mor-gen-licht leuch-tet, rein wie am An-fang. Früh-lied der Am-sel, Schöp-fer-lob klingt. Dank für die Lie-der, Dank für den Mor-gen, Dank für das Wort, dem bei-des ent-springt.

2. Sanft fallen Tropfen, sonnendurchleuchtet.
So lag auf erstem Gras erster Tau.
Dank für die Spuren Gottes im Garten,
grünende Frische, vollkommnes Blau.

3. Mein ist die Sonne, mein ist der Morgen,
Glanz, der zu mir aus Eden* aufbricht!
Dank überschwänglich, Dank Gott am Morgen!
Wieder erschaffen grüßt uns sein Licht.   * 1. Mose 2,15

T.: Jürgen Henkys (1987) 1990 nach dem englischen „Morning has broken"
von Eleanor Farjeon vor 1933
M.: gälisches Volkslied vor 1900; geistlich vor 1933
Rechte: Strube Verlag GmbH, München

4 Wenn die Sonne ihre Strahlen

1. Wenn die Son-ne ih-re Strah-len mor-gens

durch das Fen-ster schießt, dass sie dei-ne Na-se

kit-zelt, bis du, halb im Schlaf noch, niest, hat sie

ei-ne lan-ge Rei-se stets schon hin-ter sich ge-

bracht, die be-ginnt, wenn du noch schlum-merst,

fern im Os-ten und bei Nacht. La la la

la ra la la, — la la la la ra la la la, — la la la

la ra la la — la la la la la ra la la, — la.

2. Liegst du noch in schönsten Träumen,
fängt die Sonnenfahrt schon an,
langsam rollt sie über China zur Türkei, zum Muselmann,
lässt die Mongolei im Rücken, war in Russland, in Tibet,
sah Arabien und Indien, bis sie hier am Himmel steht.
La la la...

3. Und gehst du am Abend schlafen,
reist sie weiter in die Welt,
klettert westwärts hinterm Walde, hinterm Berge oder Feld,
flugs in einen andern Himmel, den von Kuba und Peru
und weckt dort die Indianer, und die niesen dann wie du.
La la la...

T.: Eva Bartoschek-Rechlin, Rechte (T.): Christian Bartoschek; M.: Heinz Lemmermann; aus:
„Die Zugabe Bd. 3"; Rechte: Fidula-Verlag Holzmeister GmbH, Koblenz, www.fidula.de

Lass uns den neuen Tag begrüßen

mit Händen *(recken)*,
Mund *(gähnen)*
und Füßen *(strampeln)*.
Mein lieber Gott, geh du mit mir
auf allen meinen Wegen *(Hände falten)*.
Für diesen Morgen dank ich dir,
gib du mir deinen Segen *(Hände wie eine Schale öffnen)*!

Christiane Dusza

15

Psalm 104

Lobe den Herrn, meine Seele!
Herr, mein Gott, du bist herrlich;
du bist schön und prächtig geschmückt.
Licht ist dein Kleid, das du anhast.
Du breitest den Himmel wie einen Teppich.
Du lässt Wasser in den Tälern quellen,
dass sie zwischen den Bergen dahinfließen,
dass alle Tiere des Feldes trinken
und das Wild seinen Durst lösche.
Darüber sitzen die Vögel des Himmels
und singen unter den Zweigen.
Du lässt Gras wachsen für das Vieh
und Saat zum Nutzen für den Menschen.
Du hast den Mond gemacht, das Jahr danach zu teilen;
die Sonne weiß ihren Niedergang.
Du machst Finsternis, dass es Nacht wird.
Wenn die Sonne aufgeht,
so geht der Mensch an seine Arbeit
und an sein Werk bis an den Abend.
Lobe den Herrn, meine Seele!

Morgengebet

Wie fröhlich bin ich aufgewacht,
wie hab ich geschlafen so sanft die Nacht.
Hab Dank im Himmel, du Vater mein,
dass du hast wollen bei mir sein.
Behüte mich auch diesen Tag,
dass mir kein Leid geschehen mag. Amen.

Guter Gott, dankeschön

5

1. Gu - ter Gott, dan - ke - schön! Wenn wir aus dem

Bett auf - stehn, was der Tag auch brin - gen mag,

dan - ke für den Tag.   Fröh - lich

ge - he ich,   denn der Herr   seg - net mich.

Fröh - lich ge - he ich, er be - glei - tet mich.

2. Lieber Gott, dankeschön! Wenn wir zu der Schule gehn,
geh du bitte, Schritt für Schritt, mit uns allen mit.
Fröhlich...

3. Lieber Gott, dankeschön! Wenn wir raus zum Spielen gehn,
bleib bei uns und gehe mit, dass uns nichts geschieht.
Fröhlich...

4. Guter Gott, dankeschön! Wenn wir abends schlafen gehn,
gib im Schlaf noch auf uns Acht in der dunklen Nacht.
Fröhlich...

T.: Rolf Krenzer/Hermann Bergmann; Rechte: Verlag Ernst Kaufmann, Lahr
M.: Hartmut Wortmann aus: Es läuten alle Glocken. © (M.) 1995 Lahn-Verlag, Kevelaer,
www.bube.de

6 **Meine Augen sind erwacht**

1. Mei-ne Au-gen sind — er-wacht, wol-len nach der lan-gen Nacht Son - ne, Baum und Blu - men sehn. Lie - ber Gott, der Tag — ist schön, — lie - ber Gott, der Tag — ist schön.

2. Meine Ohren sind erwacht, wollen nach der langen Nacht hören, wie der Vogel singt, wie sein Morgenlied erklingt, wie sein Morgenlied erklingt.

3. Meine Füße sind erwacht, wollen nach der langen Nacht laufen, springen, hüpfen, gehn, lustig sich im Tanze drehn, lustig sich im Tanze drehn.

4. Meine Hände sind erwacht, wollen nach der langen Nacht spielen, froh und hilfreich sein, allen Menschen, groß und klein, allen Menschen, groß und klein.

Capo II, dann:
I C a I d G I C a I d G I F D I G a I F G I E a I d e I F C I

T.: G. Tsekouras; M.: Bernd Schlaudt
Rechte: bei den Autoren

Lobet den Herren alle, die ihn ehren

7

1. Lo-bet den Her-ren al-le, die ihn eh-ren; lasst uns mit Freu-den sei-nem Na-men sin-gen und Preis und Dank zu sei-nem Al-tar brin - gen. Lo-bet den Her - ren!

2. Der unser Leben, das er uns gegeben,
in dieser Nacht so väterlich bedecket
und aus dem Schlaf uns fröhlich auferwecket:
Lobet den Herren!

3. Dass unsre Sinnen wir noch brauchen können
und Händ und Füße, Zung und Lippen regen,
das haben wir zu danken seinem Segen.
Lobet den Herren!

4. Gib, dass wir heute, Herr, durch dein Geleite
auf unsern Wegen unverhindert gehen
und überall in deiner Gnade stehen.
Lobet den Herren!

T.: Paul Gerhardt 1653; M.: Johann Crüger 1653/1662

Ich habe schlecht geträumt diese Nacht

und bin ganz häufig aufgewacht.
Ich habe Bilder im Traum gesehn,
die meisten kann ich nicht verstehn.
Manches war mir bekannt – doch nicht viel –
aus einem Film, einem Buch, einem Spiel.
Nun hab ich Angst und bin ganz verwirrt,
als sei ich durch einen Wald geirrt.
Mach, dass mich wer festhält und ist für mich da.
Dann spüre ich, Gott, auch du bist mir nah.

Seht die Vögel unter dem Himmel an:

Sie säen nicht, sie ernten nicht, sie sammeln nicht in Scheunen; und euer himmlischer Vater ernährt sie doch. Darum macht euch keine Sorgen um den nächsten Morgen, denn der morgige Tag wird für sich selber sorgen.

Matthäus 6,26+34

Sprichwort

Wende dein Gesicht
der Sonne zu,
dann fallen die Schatten
hinter dich.

Halte zu mir, guter Gott **8**

1. Hal-te zu mir, gu-ter Gott, heut den gan-zen Tag.

Halt die Hän-de ü-ber mich, was auch kom-men mag.

Hal-te zu mir, gu-ter Gott, heut den gan-zen Tag.

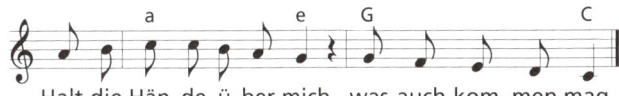

Halt die Hän-de ü-ber mich, was auch kom-men mag.

2. Du bist jederzeit bei mir; wo ich geh und steh,
spür ich, wenn ich leise bin, dich in meiner Näh.
Halte zu mir, guter Gott, heut den ganzen Tag.
Halt die Hände über mich, was auch kommen mag.

3. Gibt es Ärger oder Streit und noch mehr Verdruss,
weiß ich doch, du bist nicht weit, wenn ich weinen muss.
Halte zu mir, guter Gott, heut den ganzen Tag.
Halt die Hände über mich, was auch kommen mag.

4. Meine Freude, meinen Dank, alles sag ich dir.
Du hältst zu mir, guter Gott, spür ich tief in mir.
Halte zu mir, guter Gott, heut den ganzen Tag.
Halt die Hände über mich, was auch kommen mag.

T.: Rolf Krenzer; M.: Ludger Edelkötter; Rechte (T): Rolf Krenzer Erben, Johannstr. 11,
35683 Dillenburg; Rechte (M): KiMu, Kinder Musik Verlag GmbH, 64285 Darmstadt

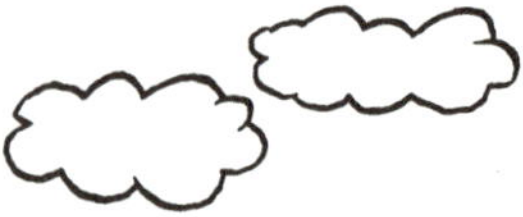

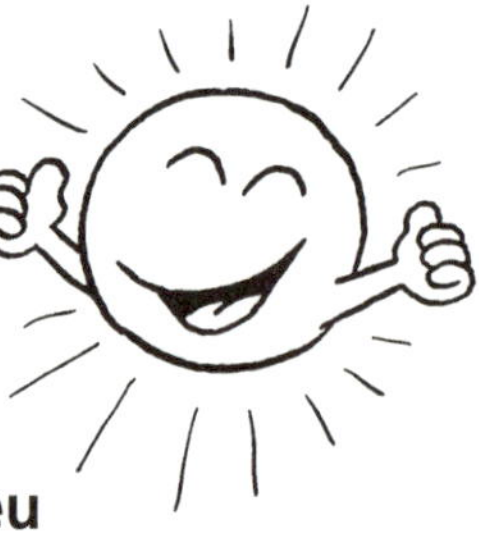

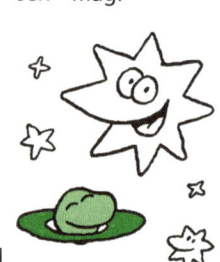

9 All Morgen ist ganz frisch und neu

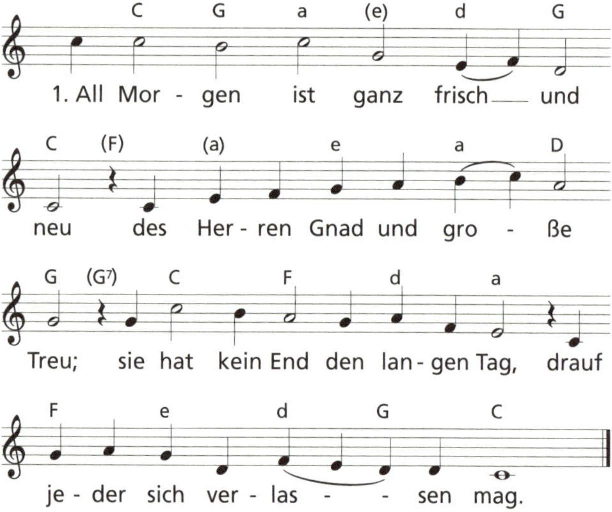
C G a (e) d G
1. All Mor - gen ist ganz frisch und
C (F) (a) e a D
neu des Her - ren Gnad und gro - ße
G (G7) C F d a
Treu; sie hat kein End den lan - gen Tag, drauf
F e d G C
je - der sich ver - las - - sen mag.

2. O Gott, du schöner Morgenstern,
gib uns, was wir von dir begehrn:
Zünd deine Lichter in uns an,
lass uns an Gnad kein Mangel han.

3. Treib aus, o Licht, all Finsternis,
behüt uns, Herr, vor Ärgernis,
vor Blindheit und vor aller Schand
und reich uns Tag und Nacht dein Hand,

4. zu wandeln als am lichten Tag,
damit, was immer sich zutrag,
wir stehn im Glauben bis ans End
und bleiben von dir ungetrennt.

 T.: Johannes Zwick (um 1541) 1545; M.: Johann Walter 1541

Morgengebet

Du hast mir in der Nacht,
Gott, guten Schlaf gegeben.
Nun bin ich aufgewacht
und freue mich zu leben.
Amen.

Danke für das Brot

10   Brot, Brot, danke für das Brot

1. Brot, Brot, danke für das Brot!
2. Brot zum Leben, danke, guter Gott!
3. Lass uns, wenn wir essen, andre nicht vergessen!
4. Brot, Brot, danke für das Brot!

T.: Rolf Krenzer; M.: Peter Janssens; aus: Ich schenk dir einen Sonnenstrahl, 1985
Rechte: Janssens Musik Verlag, Telgte

Iss und trink

11

1. Iss und trink, was du brauchst. Nimm und gib, was du hast.
2. Und Christus sitzt bei dir am Tisch und ist bei dir zu Gast.
3. Iss und trink, was du brauchst. Nimm und gib, was du hast.
4. Und Christus sitzt bei dir am Tisch und ist bei dir zu Gast.

T.: Rolf Krenzer; M.: Peter Janssens; aus: Obed, 1993
Rechte: Janssens Musik Verlag, Telgte

Tischgebet in englischer Sprache

Come, Lord Jesus, be our guest
and let these gifts to us be blessed.

(Dies ist das deutsche Gebet:
Komm, Herr Jesus, sei unser Gast
und segne, was du uns bescheret hast.)

25

12 Komm, Herr Jesu

Komm, Herr Je - su, sei du un - ser Gast und

seg - ne, was du uns be - sche - ret hast.

A - men, A - men, A - - - men.

Capo III, dann: ‖: G D e l a D G :‖

T.: Brüdergemeinde London, 1753. Kanon für drei Stimmen, mündl. überliefert.

Tischgebet

Wir wollen danken für das Brot.
Wir wollen helfen in aller Not.
Wir wollen schaffen, die Kraft gibst du.
Wir wollen lieben. Herr, hilf dazu. Amen.

Tischgebet

Alle guten Gaben,
alles, was wir haben,
kommt, o Gott, von dir.
Wir danken dir dafür. Amen.

Tischgebet

Lieber Gott, du lädst uns ein,
Gast an deinem Tisch zu sein.
Jeden Tag willst du uns geben,
was wir brauchen, um zu leben. Amen.

Segne, Herr, was deine Hand

13

Seg - ne, Herr, was dei - ne Hand
A - men, A - men,

uns in Gna - den zu - ge - wandt.
A - men, A - men,

A - men.
A - men.

Capo I, dann: ‖: E A E :‖ oder Capo III dann: ‖: D G D :‖

T.: mündlich überliefert; Kanon: Paul E. Ruppel, 1951
Rechte: Schott Music GmbH & Co. KG, Mainz/Voggenreiter Verlag, Bonn

14 Segne, Vater, diese Speise

Seg - ne, Va - ter, die - se Spei - se!

A - - men, A - - men.

T.: mündlich überliefert; Kanon für 4 Stimmen: Aus den Niederlanden (?).
M.: Herbert Beuerle
Rechte: Strube Verlag GmbH, München

Tischgebet in französischer Sprache

Bénissez-nous, Seigneur, bénissez ce repas,
cette table accueillante, et procurez du pain
à ceux qui n'en ont pas, ainsi-soit-il.

(Dies ist das deutsche Gebet:
Segne uns, Herr, segne diese Mahlzeit, diesen gedeckten Tisch,
und bring denen Brot, die nichts haben.)

Für Speis und Trank **15**

Für Speis und Trank, fürs täg - lich
Wir dan - ken dir, wir dan - ken

Brot wir dan - ken dir, o Gott!
dir, wir dan - ken dir, o Gott!

T.: mündlich überliefert; Kanon für 4 Stimmen: Aus den Niederlanden

Tischgebet, alleine

Jesus, ganz allein sitze ich hier
und stochere in meinem Essen rum.
Das macht keinen Spaß.
Vati und Mutti sind in der Arbeit.
Zum Glück ist es am Wochenende anders.
Du hast gern mit anderen Menschen gegessen und getrunken.
Bitte sei jetzt auch bei mir. Amen.

Psalm 145

Aller Augen warten auf dich, Herr,
und du gibst ihnen ihre Speise zur rechten Zeit,
du tust deine Hand auf und sättigst alles, was lebt,
nach deinem Wohlgefallen. Amen.

Nach dem Essen

Wir danken dir, Herr Jesu Christ,
dass du unser Gast gewesen bist.
Errette uns aus aller Not,
du bist das wahre Lebensbrot. Amen.

29

Nun lass uns ruhig schlafen

16   Der Mond ist aufgegangen

D	e	G	A	D

1. Der Mond ist auf - ge - gan - gen, die

h	G	A	D	h

gold - nen Stern - lein pran - gen am Him - mel

G	e	A	e	G

hell und klar. Der Wald steht schwarz und

A	D	h	G	A	Fis(7)

schwei - get, und aus den Wie - sen stei - get

h	e	A	D

der wei - ße Ne - bel wun - der - bar.

30

2. Wie ist die Welt so stille und in der Dämmrung Hülle
so traulich und so hold
als eine stille Kammer, wo ihr des Tages Jammer
verschlafen und vergessen sollt.

3. Seht ihr den Mond dort stehen?
Er ist nur halb zu sehen und ist doch rund und schön.
So sind wohl manche Sachen, die wir getrost belachen,
weil unsre Augen sie nicht sehn.

4. Wir stolzen Menschenkinder sind eitel arme Sünder
und wissen gar nicht viel.
Wir spinnen Luftgespinste und suchen viele Künste
und kommen weiter von dem Ziel.

5. Gott, lass dein Heil uns schauen, auf nichts
Vergänglichs trauen, nicht Eitelkeit uns freun;
lass uns einfältig werden und vor dir hier auf Erden
wie Kinder fromm und fröhlich sein.

6. Wollst endlich sonder Grämen
aus dieser Welt uns nehmen durch einen sanften Tod;
und wenn du uns genommen,
lass uns in' Himmel kommen,
du unser Herr und unser Gott.

7. So legt euch denn, ihr Brüder,
in Gottes Namen nieder, kalt ist der Abendhauch.
Verschon uns, Gott, mit Strafen,
und lass uns ruhig schlafen.
Und unsern kranken Nachbarn auch!

Capo II, dann:
C I d F I G C I a F I G C I a F I d G I d F I G C I a F I G E(7) I a d I G C II

T.: Matthias Claudius 1779; M.: Johann Abraham Peter Schulz 1790

Abendgebet

Die Blumen und die Vögel
sind längst schon zur Ruh.
Jetzt mache auch ich meine Augen gleich zu.
Ruhig schlaf ich, ruhig träum ich
die ganze Nacht, weil dort oben im Himmel
mein Gott mich bewacht. Amen.

31

Lieber Gott, ich kann nicht schlafen,

weil mich noch so vieles beschäftigt.
Viele Bilder tanzen in meinem Kopf herum
und ich fühle mich nicht gut.
Jesus, du hast so viele traurige Leute getröstet.
Kannst du das bei mir auch machen?

17 Herr, bleibe bei uns

Herr, blei - be bei uns,
denn es will A - bend wer - den,
und der Tag hat sich ge - nei - get.

Capo III, dann: D II: (A D) G I A I D :II

T.: Lukas 24,29. Kanon für 3 Stimmen: Albert Thate 1935
Rechte: Bärenreiter-Verlag, Kassel

32

Heut war ein schöner Tag

1. Heut war ein schö-ner Tag. Die
Son-ne hat mich müd ge-macht. Ich
hab ge-spielt, ich hab ge-lacht. Da-rum ich
fröh-lich sag: Heut war ein schö-ner Tag.

2. Wie schön ist diese Welt;
der dunkle Wald auf Bergeshöh,
das stille Tal, der lichte See, und was mir sonst gefällt.
Wie schön ist diese Welt!

3. Du, Herr, kennst auch das Leid,
das eins dem andern zugefügt,
wenn man sich hasst, verletzt, bekriegt
in dieser Welt voll Streit. Du, Herr, kennst auch das Leid.

4. Lass mich das Nötge tun,
dass ich das Glück, von dem ich leb,
an andre Menschen weitergeb.
Die Liebe darf nicht ruhn. Lass mich das Nötge tun.

5. Gib eine gute Nacht,
dass jedem, der noch sorgt und weint,
wenn er erwacht, die Sonne scheint.
Du hast ja auf uns Acht. Gib eine gute Nacht.

Capo III, dann:
- I D A I D I e A I G D I e A I G D I e D I A (fis) I D(h) A I D I

T. und M.: Martin Gotthard Schneider 1975; Rechte: Rechtsnachfolge M. G. Schneider

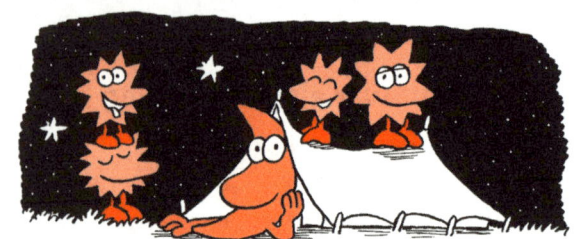

19 Weißt du, wieviel Sternlein stehen

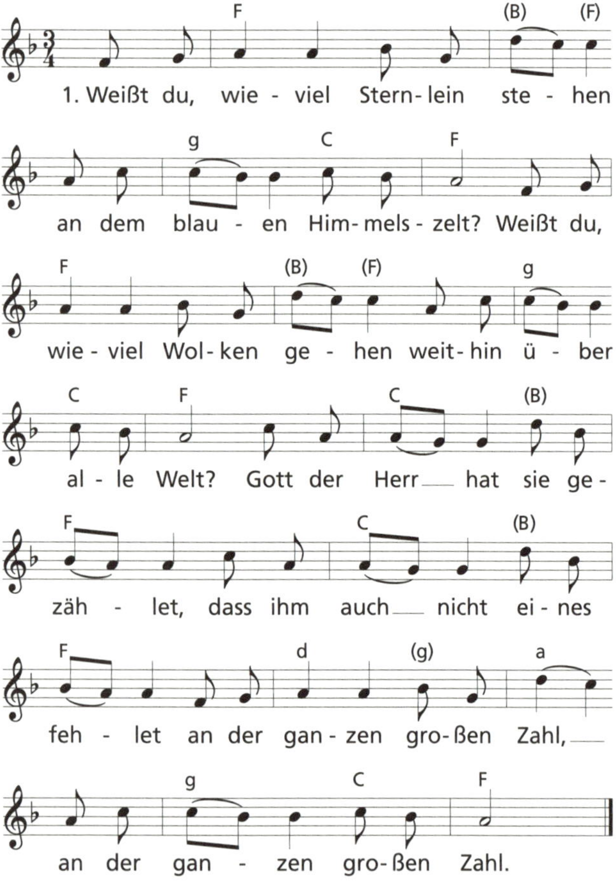
F (B) (F)
1. Weißt du, wie - viel Stern - lein ste - hen
g C F
an dem blau - en Him - mels - zelt? Weißt du,
F (B) (F) g
wie - viel Wol - ken ge - hen weit - hin ü - ber
C F C (B)
al - le Welt? Gott der Herr hat sie ge -
F C (B)
zäh - let, dass ihm auch nicht ei - nes
F d (g) a
feh - let an der gan - zen gro - ßen Zahl,
g C F
an der gan - zen gro - ßen Zahl.

2. Weißt du, wieviel Mücklein spielen
in der heißen Sonnenglut,
wieviel Fischlein auch sich kühlen
in der hellen Wasserflut?
Gott der Herr rief sie mit Namen,
dass sie all ins Leben kamen,
dass sie nun so fröhlich sind,
dass sie nun so fröhlich sind.

3. Weißt du, wieviel Kinder frühe
stehn aus ihrem Bettlein auf,
dass sie ohne Sorg und Mühe
fröhlich sind im Tageslauf?
Gott im Himmel hat an allen
seine Lust, sein Wohlgefallen;
kennt auch dich und hat dich lieb,
kennt auch dich und hat dich lieb.

Capo III, dann:
‖: D I (G D) I e A I D :‖ A (G) I D I A (G) I D I h (e) I fis I e A I D ‖

T.: Wilhelm Hey 1837; M.: Volkslied, um 1818

Abendsegen

So wie meine Hände auf deinem Kopf *(Hände auf den Kopf)*
beschützt dich Gottes Segen.
So wie ein Mantel dich umhüllt,
(Hände streichen von Kopf bis Fuß den Körper entlang)
ganz leicht und warm,
umgibt dich Gott auf allen deinen Wegen.
Nun schließe die Augen *(Hände auf die Augen)*
und atme ruhig ein, *(Hände auf die Brust)*
denn du sollst heut und morgen
gut behütet sein. Amen.
(Kreuzeszeichen auf die Stirn oder Hände an beide Wangen)

Christiane Dusza

20 Lieber Gott, nun lass uns ruhig schlafen

Lie - ber Gott, nun lass uns ru - hig schla-fen, und pass bit - te auf auf die Nacht! Und pass auf auf un-se-re Träu - me, dass un-ser Schlaf uns Freu-de macht. 1. Lie - ber Gott, dei - ne Son - ne sagt nun "Gu - te Nacht", und der Mond sagt "Gu - ten Tag", weil er die Nacht be - wacht. Eh der Wald ein-schläft, zieht er an sein schwar - zes Kleid. Nur der U - hu ruft: "U-huu", und der Wald - kauz schreit.

D.C. al Fine

2. Alle Grillen singen noch ein kleines Abendlied,
und die Bienen nehmen schnell den letzten Honig mit.
Alle kleinen Käfer krabbeln auf ihre Bettchen rauf,
und die großen Käfer bleiben noch ein Weilchen auf.
Lieber Gott...

3. Alle Häuser schließen sorgsam ihre Haustüren zu.
Und die alten und die neuen Autos fahren zur Ruh.
Der Konditor wischt die Augen,
denn der Schlaf sitzt schon drin,
doch er muss noch eine Torte
aus der Backröhre ziehn.
Lieber Gott...

4. Alle Schornsteine schauen müde aus den Dächern raus.
Auch die Heizer gehn jetzt schlafen,
und die Öfen gehen aus.
Viele Menschen danken Gott für ihren Tageslauf.
Keine Angst! Er passt auf alle auf!

Capo II, dann:
- l C a l d G l C e l d G l C e l a d l G l a (C) D l G e l F d l e C l d G l
C G l F C l d G l F C l

T. nach Dietrich Mendt, M: Bernd Schlaudt
Rechte (T): Strube Verlag GmbH, München, (M): Bernd Schlaudt

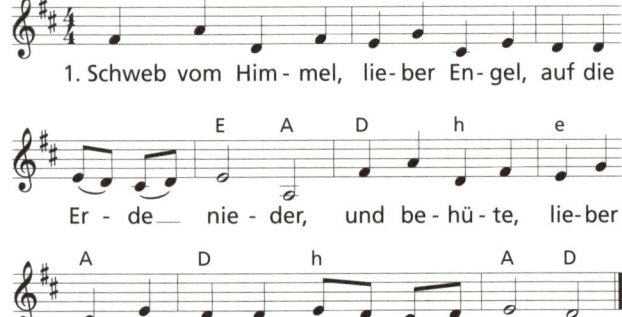

21 Schweb vom Himmel, lieber Engel

1. Schweb vom Him-mel, lie-ber En-gel, auf die Er-de nie-der, und be-hü-te, lie-ber En-gel, die-se Nacht mich wie-der.

2. Lieber Gott, ich danke dir,
denn ich war heut sehr fröhlich.
Lieber Gott, bleib du nun bei mir,
denn dann schlaf ich selig.

T. und M.: Andreas Hantke; aus: „DUWIEDAVID" (CD)
Rechte: Strube Verlag GmbH, München

Wisst ihr, wie die Elefanten abends

1. Wisst ihr, wie die E-le-fan-ten a-bends gehn zur Ruh? gehn zur Ruh? Kaum kommt der Mond mit sei-nem Schein, zieht je-der sei-nen Rüs-sel ein und macht die Au-gen zu und macht die Au-gen zu.

2. Wisst ihr, wie die kleinen Vögel abends gehn zur Ruh?
Wenn schon der Mond ins Nestchen sieht,
piepst jedes noch ein Abendlied und macht die Augen zu.

3. Wisst ihr, wie die Weinbergschnecken abends gehn zur
Ruh? Kaum blinkt der erste Stern heraus, kriecht jede
in ihr Schneckenhaus und macht die Augen zu.

4. Wisst ihr, wie die Menschenkinder abends gehn zur
Ruh? Kaum schaut der Mond durchs Fensterlein, plumpst
jedes in sein Bett hinein und macht die Augen zu.

Capo II, dann:
ll: C I F C I F G I C :ll - I G I a I e I F I G I d G I C ll

T: Eva Bartoschek-Rechlin, M.: Bernd Schlaudt
Rechte (T): Rechtsnachfolge Eva Bartoschek-Rechlin, (M): Bernd Schlaudt

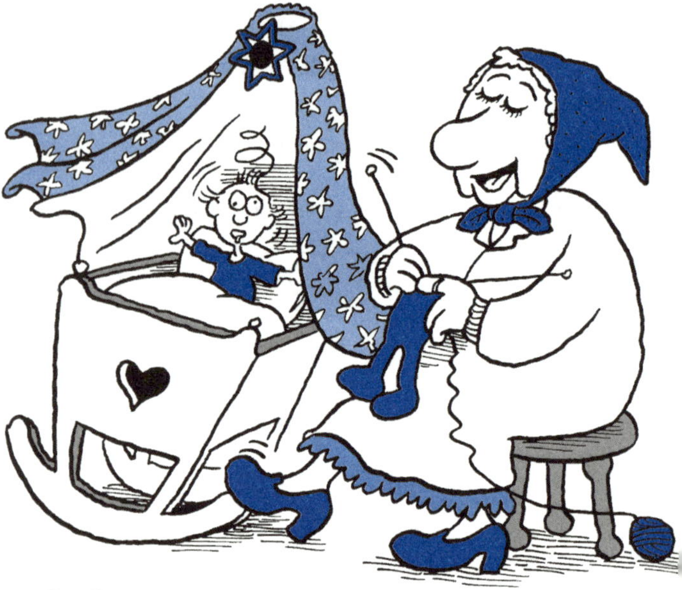

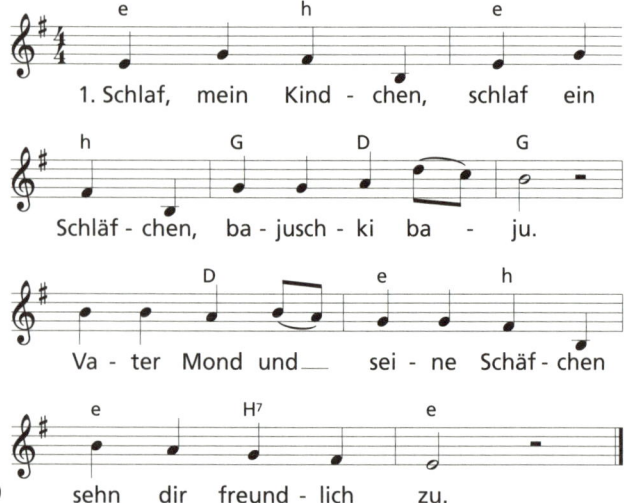

23 Schlaf, mein Kindchen

e h e
1. Schlaf, mein Kind - chen, schlaf ein
h G D G
Schläf - chen, ba - jusch - ki ba - ju.
D e h
Va - ter Mond und sei - ne Schäf - chen
e H7 e
sehn dir freund - lich zu.

2. Schlaf, mein Kind, hab süße Träume,
bajuschki baju.
Schweif des Nachts durch tausend Räume –
frei und glücklich, du!

3. Schlaf, mein Kind, wenn alle schlafen,
bajuschki baju,
wie ein Schiff in seinem Hafen,
mach die Augen zu!

4. Schlaf mein Kind, du bist geborgen,
bajuschki baju,
Gott behüte dich bis morgen
und auch immerzu.

Capo II, dann: I d a I d a I F C I F I - C I d a I d A₇ I d II

T.: Andreas Ebert; M.: russisches Volkslied
Rechte: Claudius Verlag, München

Tipp für dein eigenes Abendgebet

Vor dem Einschlafen geht dir vielleicht viel durch den Kopf. Du
kannst noch einmal den Tag an dir vorüberziehen lassen: Wie
bin ich heute aufgewacht? Was war am schwersten heute?
Und was am schönsten? Wovon will ich Gott erzählen? Wofür
und für wen will ich bitten? Wofür möchte ich danken?

Der Jahreslauf

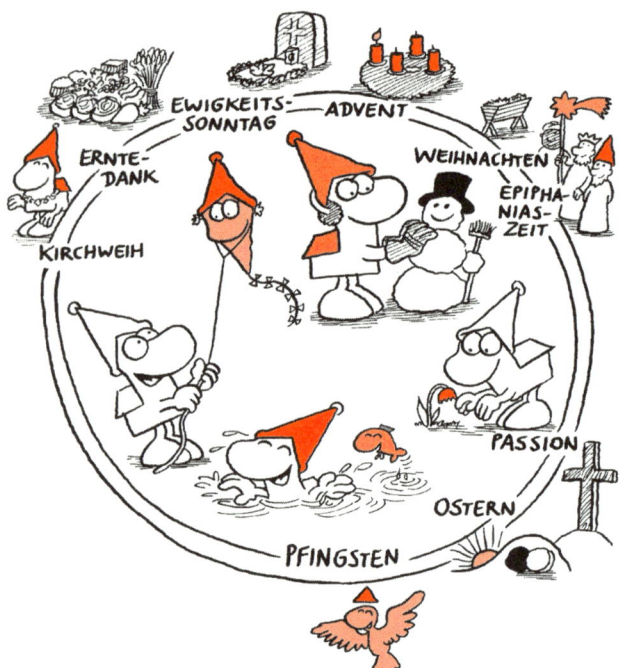

Der Jahreslauf ist ein Kreislauf. Wenn du die Jahre miteinander vergleichst, entdeckst du Zeiten und Ereignisse, die sich wiederholen. Jährlich wechseln die Jahreszeiten: Frühling, Sommer, Herbst und Winter. Wir erleben den Kreislauf der Natur.

Vieles im Jahr kehrt wieder, auf das du dich freuen kannst: Du, deine Familie und deine Freunde und Freundinnen haben Geburtstag. Es gibt Ferien und andere schöne Zeiten und Ereignisse. Auch das Kirchenjahr ist ein Kreislauf mit immer wiederkehrenden Zeiten. Die meisten Feste erinnern an Jesus, von seiner Geburt bis zu seinem Tod und seiner Auferstehung.

Außerdem gibt es Feste wie Erntedank, Ewigkeitssonntag, Silvester oder Neujahr. Die meisten Feste sind in der evangelischen und der katholischen Kirche gleich.

Jahreslauf: Advent

Seht, die gute Zeit ist nah

Mit der Adventszeit beginnt das Kirchenjahr. „Advent" ist lateinisch und heißt „Ankunft". Wir warten auf Weihnachten, den Geburtstag von Jesus. Wir freuen uns, weil Gott als Mensch zu den Menschen gekommen ist.

Die Adventszeit ist die dunkelste Zeit im Jahr. Wenn wir an den Adventssonntagen nacheinander vier Kerzen entzünden, wird durch ihr Licht die Dunkelheit immer mehr erhellt. Nach der Heiligen Nacht am 24. Dezember werden die Tage allmählich wieder länger.

Mache dich auf und werde Licht 24

1. Ma - che dich auf und wer - de Licht!
2. Ma - che dich auf und wer - de Licht!
3. Ma - che dich auf und wer - de Licht,
4. denn dein Licht kommt.

T.: Jesaja 60,1; M.: Jesus-Bruderschaft Gnadenthal
Rechte: © Jesus-Bruderschaft e.V., Gnadenthal

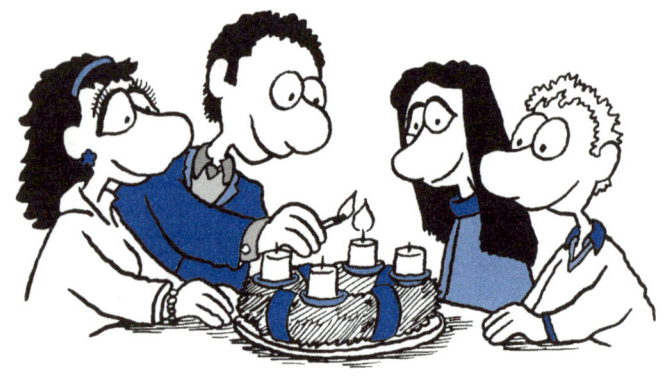

25 Licht der Liebe

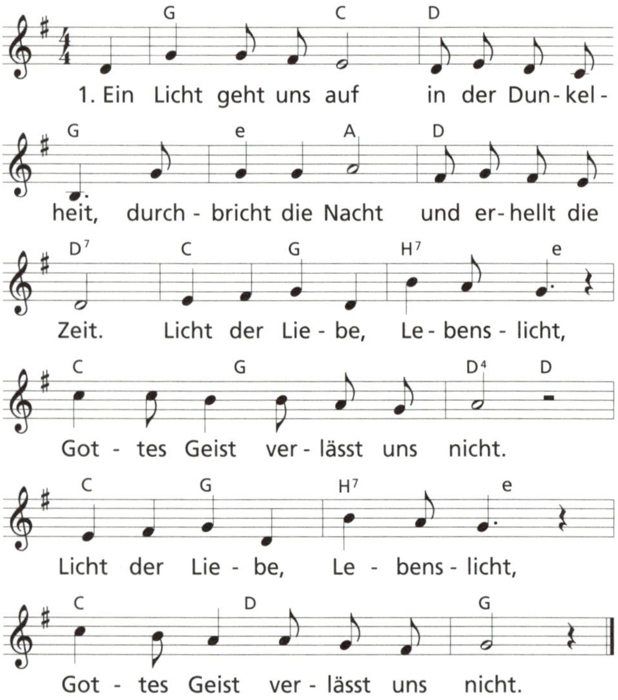
G C D
1. Ein Licht geht uns auf in der Dun - kel -
G e A D
heit, durch - bricht die Nacht und er - hellt die
D7 C G H7 e
Zeit. Licht der Lie - be, Le - bens - licht,
C G D4 D
Got - tes Geist ver - lässt uns nicht.
C G H7 e
Licht der Lie - be, Le - bens - licht,
C D G
Got - tes Geist ver - lässt uns nicht.

2. Ein Licht weist den Weg, der zur Hoffnung führt,
erfüllt den Tag, dass es jeder spürt.
Licht der Liebe...

3. Ein Licht macht uns froh, wir sind nicht allein.
An jedem Ort wird es bei uns sein.
Licht der Liebe...

4. Ein Licht steckt uns an, macht uns selbst zu Licht.
Wir fürchten uns, weil wir leuchten, nicht.
Licht der Liebe...

T.: Eckart Bücken; M.: Detlev Jöcker; aus: Buch, CD und MC „Viele kleine Leute"
Rechte: Menschenkinder Verlag und Vertrieb GmbH, Münster c/o Melodie der Welt GmbH &
Co, KG, Frankfurt/Main

Wir freuen uns auf Weihnachten

und warten auf die Geschenke.
Viele andere Menschen warten auch:
Kranke warten darauf, gesund zu werden,
Einsame auf Besuch,
viele Kinder warten auf Menschen, die sie lieb haben,
Arbeitslose auf Arbeit,
Hungrige und Durstige auf Essen und Trinken,
Menschen im Krieg auf Frieden
(Hier kannst du selbst weiterführen, wer noch wartet).
Jesus, lass es auch für diese Menschen Weihnachten werden.
Amen.

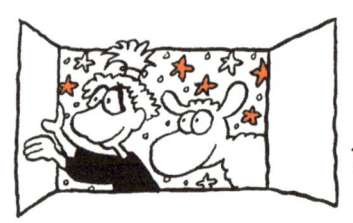

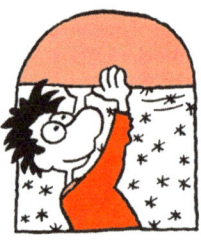

26 Macht hoch die Tür

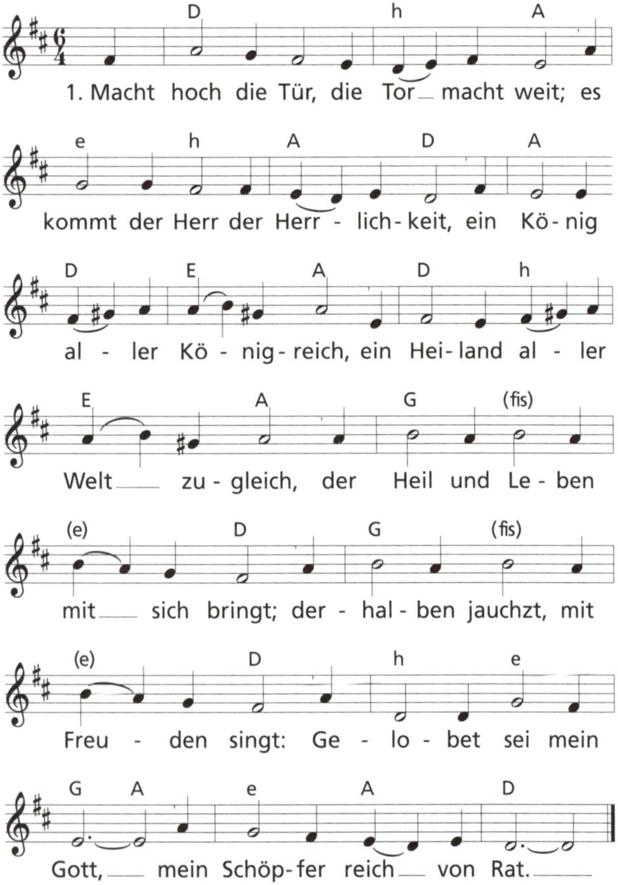
D h A
1. Macht hoch die Tür, die Tor macht weit; es
e h A D A
kommt der Herr der Herr - lich - keit, ein Kö - nig
D E A D h
al - ler Kö - nig - reich, ein Hei - land al - ler
E A G (fis)
Welt zu - gleich, der Heil und Le - ben
(e) D G (fis)
mit sich bringt; der - hal - ben jauchzt, mit
(e) D h e
Freu - den singt: Ge - lo - bet sei mein
G A e A D
Gott, mein Schöp - fer reich von Rat.

2. O wohl dem Land, o wohl der Stadt,
so diesen König bei sich hat.
Wohl allen Herzen insgemein,
da dieser König ziehet ein.
Er ist die rechte Freudensonn,
bringt mit sich lauter Freud und Wonn.
Gelobet sei mein Gott,
mein Tröster früh und spat.

3. Komm, o mein Heiland Jesu Christ,
meins Herzens Tür dir offen ist.
Ach zieh mit deiner Gnade ein;
dein Freundlichkeit auch uns erschein.
Dein Heilger Geist uns führ und leit
den Weg zur ewgen Seligkeit.
Dem Namen dein, o Herr,
sei ewig Preis und Ehr.

Capo II, dann: - I C I a G I d a I G C I G C I D G I C a I D G I
F (e) I (d) C I F (e) I (d) C I a d I F G I d G I C II

T.: Georg Weissel (1623) 1642; M.: Halle 1704

47

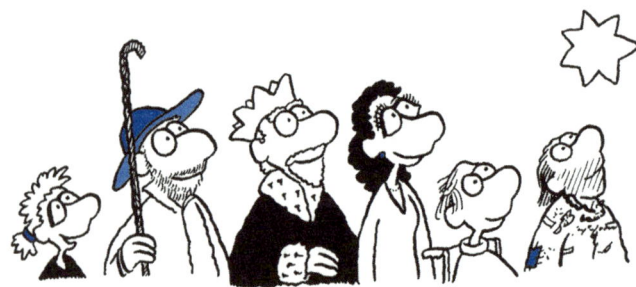

27 Seht, die gute Zeit ist nah

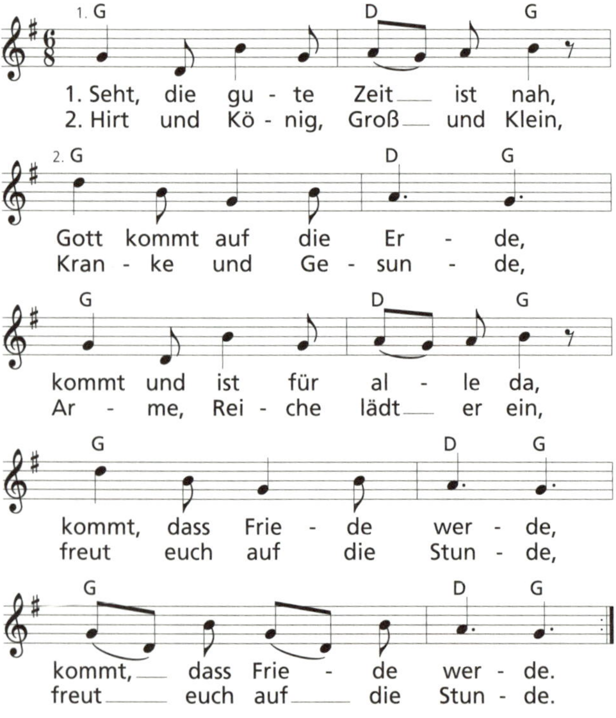
1. G D G
1. Seht, die gu - te Zeit ___ ist nah,
2. Hirt und Kö - nig, Groß ___ und Klein,
2. G D G
Gott kommt auf die Er - de,
Kran - ke und Ge - sun - de,
G D G
kommt und ist für al - le da,
Ar - me, Rei - che lädt ___ er ein,
G D G
kommt, dass Frie - de wer - de,
freut euch auf die Stun - de,
G D G
kommt, ___ dass Frie - de wer - de.
freut ___ euch auf ___ die Stun - de.

Satz und Ostinato: Richard Rudolf Klein, Rechte (Satz): Fidula Verlag, Boppard, www.fidula.de; T.: Friedrich Walz, M.: aus Tschechien Rechte: Erlanger Verlag für Mission und Ökumene, Neuendettelsau

Bibelplätzchen

Ein halbes Pfund 2. Könige 4,41 auf ein Apostelgeschichte 27,44 geben und in die Mitte eine Mulde drücken. Dazu ein Lukas 11,12 mit einem Viertelpfund Zucker, einer Prise Matthäus 5,13 und zwei Päckchen Vanillezucker hineintun. 150 Gramm Sprüche 30,33 auf dem Rand verteilen und dann von außen nach innen das tun, was die Frauen in Jeremia 7,18 machen.

Eine halbe Stunde zugedeckt in dem Ort in der Küche ruhen lassen, in dem das herrscht, was am Ende von Apostelgeschichte 28,2 steht. Danach das Ganze flachdrücken, ausrollen und nach Herzenslust Formen ausstechen. Die einzelnen Plätzchen können auch verziert werden, zum Beispiel mit dem, was im Garten von Hoheslied 6,11 wächst.

Auf einem ungefetteten Backblech eine Viertelstunde in dem 1. Mose 15,17 bei 180 Grad backen. Und am Ende Jesaja 3,10!

Kerzen

haben als Zeichen in der Adventszeit eine besondere Bedeutung. Eine Kerze gibt Licht und Wärme. Beim Abbrennen verzehrt sie sich. So soll sie uns helfen, an Jesus zu denken: Er wurde geboren, um Gottes Liebe zu den Menschen zu bringen. Jesus leidet darunter, dass viele ihn nicht verstehen. Als er stirbt, gibt er sein Leben aus Liebe hin.

28 Die Kerze brennt, ein kleines Licht

1. Die Ker-ze brennt, ein klei-nes Licht, wir stau-nen und hö-ren: "Fürch-te dich nicht!", er-zäh-len und sin-gen, wie al-les be-gann; in Got-tes Na - men fan-gen wir an.

T. und M.: Bernd Schlaudt
Rechte: beim Autor

Adventskranz

Der evangelische Pfarrer Johann Hinrich Wichern gründete vor 150 Jahren in Hamburg ein Haus für arme Waisenkinder. In der Adventszeit bastelte er einen großen Kranz mit 24 Kerzen und zündete jeden Tag ein neues Licht an. Die Idee breitete sich schnell aus. Man nahm aber nur noch vier Kerzen, für jeden Adventssonntag eine.

Die Adventskerzen stecken auf einem Kranz aus Tannenzweigen. Ein Kreis hat keinen Anfang und kein Ende. Während im Winter viele Bäume kahl sind, bleibt die Tanne immer grün. Sie ist – wie der Kreis – ein Zeichen für die Hoffnung, die nie vergeht. Wir hoffen und warten auf Weihnachten und feiern: Gottes Liebe zu uns wird nie aufhören.

Die heilige Barbara

(ihr Fest ist am 4. Dezember)

Es war vor langer Zeit, als die Christen vom römischen Kaiser wegen ihres Glaubens verfolgt und getötet wurden. Barbara ist die wunderschöne Tochter eines reichen türkischen Kaufmanns. Durch einen Priester hört sie von Jesus und lässt sich taufen. Ihr Vater wird sehr böse auf sie und lässt sie ins Gefängnis werfen. Auf dem Weg dorthin – mitten im Winter – verfängt sich ein Kirschzweig in ihrem Kleid. Sie stellt ihn ins Wasser und freut sich an ihm. Am Tag ihrer Hinrichtung beginnt der Zweig, der vorher wie tot war, zu blühen.

Da spürt Barbara: „Ich werde zwar sterben, aber Gott wird mich verwandeln zu neuem, blühendem Leben!"

51

Beim Entzünden der Adventskerzen

1. Kerze: Jesus Christus ist das Licht der Welt. Er bringt Licht in unser Leben und hilft uns.
2. Kerze: Jesus Christus ist das Licht der Welt. Wenn wir traurig sind, tröstet er uns.
3. Kerze: Jesus Christus ist das Licht der Welt. Wir glauben an ihn. Er behütet uns.
4. Kerze: Jesus Christus ist das Licht der Welt. Wir freuen uns, Christus ist nahe bei uns.

29 Wir sagen euch an den lieben Advent

1. Wir sa - gen euch an den lie - ben Ad - vent. Se - het, die ers - te Ker - ze brennt! Wir sa - gen euch an ei - ne hei - li - ge Zeit. Ma - chet dem Herrn den Weg be - reit. Freut euch, ihr Chris - ten, freu - et euch sehr! Schon ist na - he der Herr.

2. Wir sagen euch an den lieben Advent.
Sehet, die zweite Kerze brennt!
So nehmet euch eins um das andere an,
wie auch der Herr an uns getan.
Freut euch, ihr Christen, freuet euch sehr!
Schon ist nahe der Herr.

3. Wir sagen euch an den lieben Advent.
Sehet, die dritte Kerze brennt!
Nun tragt eurer Güte hellen Schein
weit in die dunkle Welt hinein.
Freut euch, ihr Christen, freuet euch sehr!
Schon ist nahe der Herr.

4. Wir sagen euch an den lieben Advent.
Sehet, die vierte Kerze brennt!
Gott selber wird kommen, er zögert nicht.
Auf, auf, ihr Herzen und werdet Licht!
Freut euch, ihr Christen, freuet euch sehr!
Schon ist nahe der Herr.

T.: Maria Ferschl 1954; M.: Heinrich Rohr 1954
Rechte: Verlag Herder, Freiburg

30
Klopf, klopf, klopf

1. Klopf, klopf, klopf, wer klopft an uns-rer Tü-re an? Klopf, klopf, klopf, es ist der hei-li-ge Mann! Was stehst du drau-ßen vor der Tür? Komm doch zu uns he-rein! Es sind ja vie-le Kin-der hier, die sich schon lan-ge freun. Komm he-rein, sei un-ser Gast, bring uns al-les, was du hast.

2. Trapp, trapp, trapp! Jetzt geht er fort;
was soll das sein?
Trapp, trapp, trapp! Warum kehrt er nicht ein?
Er muss noch heut in später Nacht
zu vielen Kindern hin,
die lange sich auf ihn gefreut
mit kindlich frommem Sinn.
Wenn die Tür wird aufgemacht,
finden wir, was er gebracht.

Capo III, dann: D G I D I - A I D A I D G I D I - A I D I G I A D I G I
I A I (A7) I D I A I D I A D I A D I A D I A D II

T.: Volksgut; M.: Heinrich Rohr
Rechte: Verlag Herder, Freiburg

Der heilige Nikolaus
(sein Fest ist am 6. Dezember)

Nikolaus war Bischof von Myra und lebte auf dem Gebiet der
heutigen Türkei. Weil er von seinen Eltern viel Geld geerbt
hatte, konnte er vielen armen Menschen helfen. Einmal half er
drei jungen Mädchen, die verkauft werden sollten. Er ließ drei
Goldmünzen durch den Kamin fallen. Dort hatten die Mädchen ihre Strümpfe zum Trocknen aufgehängt. Am Morgen
fanden sie den Schatz, und ihre Not hatte ein Ende. 55

Wir haben seinen Stern gesehen

Weihnachten bedeutet „geweihte, heilige Nacht". Alles, was Gott gehört, ist heilig. Die Weihnachtsnacht gehört Gott, weil in dieser Nacht gefeiert wird, dass er etwas Besonderes für die Menschen getan hat: Sein Sohn Jesus wird als Kind geboren und kommt in einer einfachen Höhle zur Welt, die als Stall dient.

Gott gibt seinem Sohn Maria und Josef als Mutter und Vater auf Erden. Sie sorgen für ihn und geben ihm den Namen „Jesus", das bedeutet: „Gott rettet".

Kommet, ihr Hirten 31

1. Kom - met, ihr Hir - ten, ihr
kom - met, das lieb - li - che

Män - ner und Fraun,
Kind - lein zu schaun,

Chris - tus, der Herr, ist heu - te ge - bo - ren,

den Gott zum Hei - land euch hat er - ko - ren.

Fürch - tet euch nicht!

2. Lasset uns sehen in Bethlehems Stall,
was uns verheißen der himmlische Schall;
was wir dort finden, lasset uns künden,
lasset uns preisen in frommen Weisen. Halleluja!

3. Wahrlich, die Engel verkündigen heut
Bethlehems Hirtenvolk gar große Freud:
Nun soll es werden Friede auf Erden,
den Menschen allen ein Wohlgefallen. Ehre sei Gott!

oder Capo III, dann: ‖:D (G) I (D) (G) I (D) A I D (G):‖
D (fis) I (h) A I D (fis) I (h) A I D A I D ‖

T.: Karl Riedel 1870
nach einem Weihnachtslied aus Böhmen

32 Stille Nacht, heilige Nacht

1. Stil - le Nacht, hei - li - ge Nacht! Al - les schläft, ein - sam wacht nur das trau - te, hoch- hei - li - ge Paar. Hol - der Kna - be im lo - cki - gen Haar, schlaf in himm - li - scher Ruh, schlaf in himm - li - scher Ruh.

2. Stille Nacht, heilige Nacht!
Hirten erst kundgemacht
durch der Engel Halleluja
tönt es laut von fern und nah:
Christ, der Retter, ist da, Christ, der Retter ist da!

3. Stille Nacht, heilige Nacht!
Gottes Sohn, o wie lacht
Lieb aus deinem göttlichen Mund,
da uns schlägt die rettende Stund,
Christ, in deiner Geburt, Christ in deiner Geburt.

Capo I, dann: A I - I E I A I D I A I D I A I E I A I - E I A II

T.: Joseph Mohr (1818), 1838
M.: Franz X. Gruber (1818) 1838

O du fröhliche

33

1. O du fröh-li-che, o du se-li-ge, gna-den-brin-gen-de Weih-nachts-zeit! Welt ging ver-lo-ren, Christ ist ge-bo-ren: Freu-e, freu-e dich, o Chris-ten-heit!

2. O du fröhliche, o du selige,
gnadenbringende Weihnachtszeit!
Christ ist erschienen, uns zu versühnen:
Freue, freue dich, o Christenheit!

3. O du fröhliche, o du selige,
gnadenbringende Weihnachtszeit!
Himmlische Heere jauchzen dir Ehre:
Freue, freue dich, o Christenheit!

T.: Str. 1 Joh. Daniel Falk (1816) 1819, Str. 2–3 Heinrich Holzschuher 1829
M.: Sizilien vor 1788
b. Joh. Gottfried Herder 1807

34 Ihr Kinderlein, kommet

1. Ihr Kin - der - lein, kom - met, o
kom - met doch all, und seht,
was in die - ser hoch - hei - li - gen Nacht der
Va - ter im Him - mel für Freu - de uns macht.

zur Krip - pe her kom - met, in
Beth - le - hems Stall,

2. O seht in der Krippe im nächtlichen Stall,
seht hier bei des Lichtleins hell glänzendem Strahl
in reinlichen Windeln das himmlische Kind,
viel schöner und holder als Engel es sind.

3. Da liegt es, das Kindlein, auf Heu und auf Stroh,
Maria und Josef betrachten es froh,
die redlichen Hirten knien betend davor,
hoch oben schwebt jubelnd der Engelein Chor.

4. O beugt wie die Hirten anbetend die Knie,
erhebet die Hände und danket wie sie;
stimmt freudig, ihr Kinder, – wer wollt sich nicht freun? –
stimmt freudig zum Jubel der Engel mit ein.

Capo II, dann: II: - I C I - I G I C :II G I d I a I F I G I a e I d G I C II

T.: Christoph von Schmid (1798) 1811; M.: Johann Abraham Peter Schulz 1794
geistl. Gütersloh 1832

Vom Himmel hoch, da komm ich her

35

1. "Vom Him - mel hoch, da komm ich her, ich bring euch gu - te neu - e Mär, der gu - ten Mär bring ich so viel, da - von ich singn und sa - gen will.

2. Euch ist ein Kindlein heut geborn
von einer Jungfrau auserkorn,
ein Kindelein so zart und fein,
das soll eu'r Freud und Wonne sein.

3. Es ist der Herr Christ, unser Gott,
der will euch führn aus aller Not,
er will eu'r Heiland selber sein,
von allen Sünden machen rein.

4. So merket nun das Zeichen recht:
die Krippe, Windelein so schlecht,
da findet ihr das Kind gelegt,
das alle Welt erhält und trägt."

5. Des lasst uns alle fröhlich sein
und mit den Hirten gehn hinein,
zu sehn, was Gott uns hat beschert,
mit seinem lieben Sohn verehrt.

T. und M.: Martin Luther 1535

36 Hört, der Engel helle Lieder

1. Hört, der En - gel hel - le Lie - der
   und die Ber - ge hal - len wi - der

klin - gen das wei - te Feld ent - lang,
von des Him - mels Lob - ge - sang:

Glo - - - - - - - - - ri - a in ex - cel - sis De - o.

Glo - - - - - - - - - ri - a in ex - cel - sis De - o.

2. Hirten, warum wird gesungen?
Sagt mir doch eures Jubels Grund!
Welch ein Sieg ward denn errungen,
den uns die Chöre machen kund?
Gloria in excelsis Deo.
Gloria in excelsis Deo.

3. Sie verkünden uns mit Schalle,
dass der Erlöser nun erschien,
dankbar singen sie heut alle
an diesem Fest und grüßen ihn.
Gloria in excelsis Deo.
Gloria in excelsis Deo.

T.: Otto Abel 1954; M.: aus Frankreich; Satz: Theophil Rothenberg
Rechte Text: Merseburger Verlag, Kassel, www.merseburger.de;
Rechte Satz: Bärenreiter-Verlag, Kassel

Die Engel

Sie sind Gottes Boten und bringen den Hirten die Nachricht,
dass Gottes Sohn geboren ist. Engel gehören zu Gottes Welt.
Sie umgeben Gott in seinem himmlischen Reich. Oft sehen
Engel aus wie normale Menschen. Wenn sie den Menschen
begegnen, staunen die Menschen. Manche erschrecken sogar.
Darum sagen Engel in der Bibel oft: „Fürchtet euch nicht!"
Jesus sagt zu den Erwachsenen: „Verachtet die Kinder nicht!
Denn jedes von ihnen hat einen Engel im Himmel bei meinem
Vater!" (Matthäus 18,10)

37 Zumba, zumba, welch ein Singen

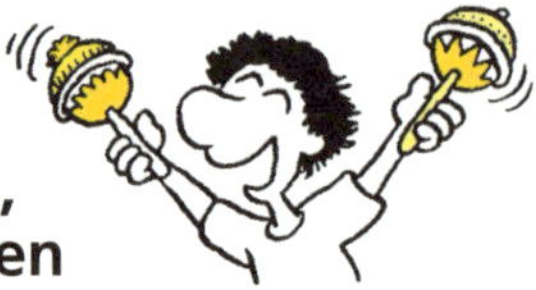

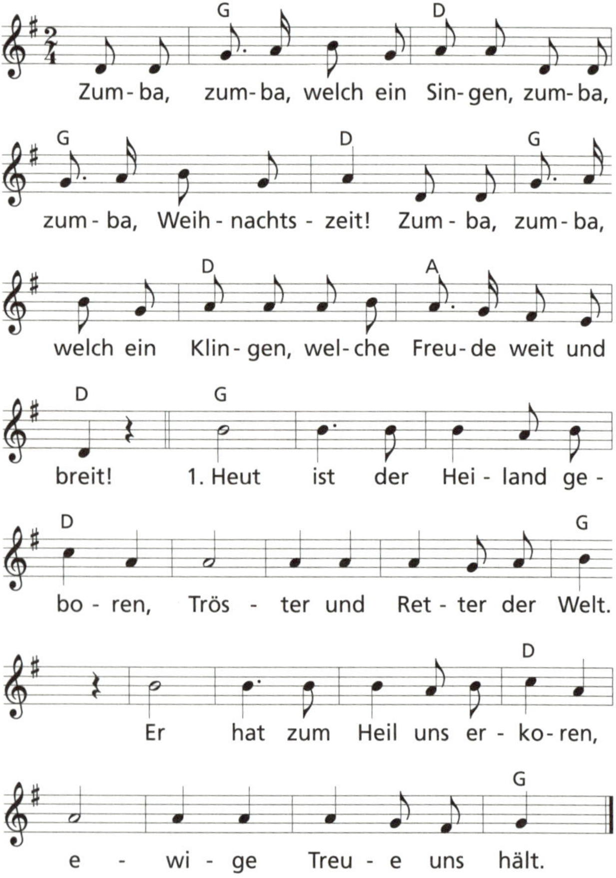

G D
Zum-ba, zum-ba, welch ein Sin-gen, zum-ba,
G D G
zum - ba, Weih - nachts - zeit! Zum - ba, zum-ba,
D A
welch ein Klin-gen, wel-che Freu-de weit und
D G
breit! 1. Heut ist der Hei - land ge -
D G
bo - ren, Trös - ter und Ret - ter der Welt.
D
Er hat zum Heil uns er - ko-ren,
G
e - wi - ge Treu - e uns hält.

2. Jeder will ihm etwas bringen,
ich aber hab nicht viel Geld.
Ich kann dem Kindlein nur singen,
hoffen, dass ihm es gefällt.

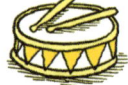

3. Dass sich das Kindlein erfreute,
spielten die Hirten ihm vor.
Singt nun mit mir, liebe Leute,
singt mit den Hirten im Chor.

Deutscher Text: Lieselotte Holzmeister
Melodie: aus Spanien
Von der Fidula-CD 4428 „Nikolaus! Nikolaus"
Fidula-Verlag Holzmeister GmbH, Koblenz,
www.fidula.de

Der Weihnachtsbaum

Vor ungefähr 400 Jahren kamen die Bewohner in Straßburg
auf die Idee, eine ganze Tanne aus dem Wald zu holen. Sie
schmückten den Baum mit Rosen aus Papier: wie Blüten, die
im kalten Winter aufblühen und neues Leben verkünden. Sie
hängten rote Äpfel in den Baum zur Erinnerung an die Früchte des Lebensbaumes im Paradies. (Später wurden Glaskugeln
daraus). Auch gebackene Plätzchen kamen an die Zweige:
Der Lebensbaum sollte alle satt machen mit Gottes Liebe. Und
zur Erinnerung an das Gold, das die Weisen aus dem Morgen-
land dem Jesuskind geschenkt hatten, wurden goldene Sterne
an den Baum gehängt. Viel später steckte man noch Kerzen
darauf, um das Weihnachtslicht noch heller strahlen zu lassen.
Erst vor etwa 100 Jahren wurde der Weihnachtsbaum über die
Grenzen Deutschlands hinaus bekannt und beliebt.

38 **Als ich bei meinen Schafen wacht**

1. Als ich bei mei - nen Scha - fen wacht,

ein En - gel mir die Bot - schaft bracht.

1.–5. Des bin ich froh, bin ich froh,

froh, froh, froh, froh, froh, froh.

Be - ne - di - ca - mus Do - mi - no.

2. Er sagt, es soll geboren sein
zu Bethlehem ein Kindelein.

3. Er sagt, das Kind läg da im Stall
und soll die Welt erlösen all.

4. Als ich das Kind im Stall gesehn,
nicht wohl konnt ich von dannen gehn.

5. Den Schatz will ich bewahren wohl,
so bleibt mein Herz der Freuden voll.

T. und M.: aus dem 17. Jahrhundert

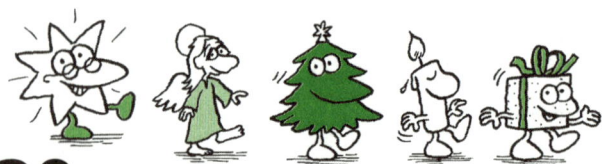

39 Schöne Weihnachtszeit

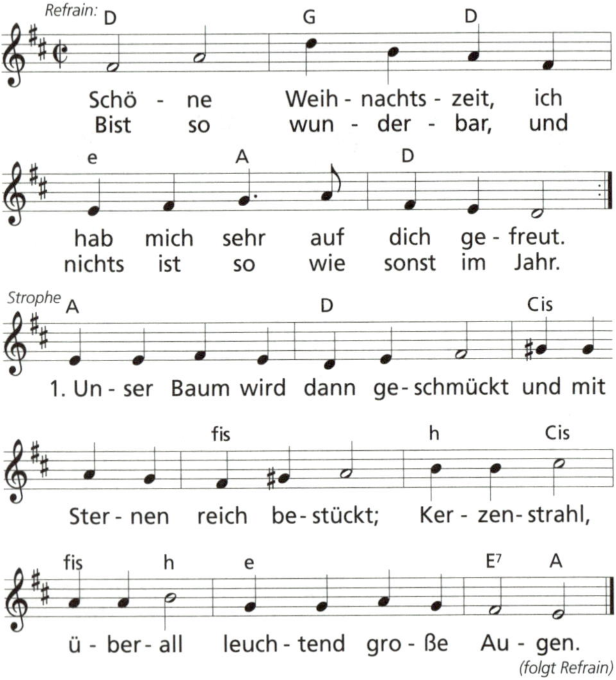
Refrain:
D G D
Schö - ne Weih - nachts - zeit, ich
Bist so wun - der - bar, und
e A D
hab mich sehr auf dich ge - freut.
nichts ist so wie sonst im Jahr.
Strophe
A D Cis
1. Un - ser Baum wird dann ge - schmückt und mit
fis h Cis
Ster - nen reich be - stückt; Ker - zen - strahl,
fis h e E7 A
ü - ber - all leuch - tend gro - ße Au - gen.
(folgt Refrain)

2. Weil man an den andern denkt,
wird ein jeder reich beschenkt.
Groß und Klein wolln sich freun, alle miteinander.

3. Unsre Krippe stellt es dar,
was dort einst geschehen war:
Heller Schein! Engelein singen uns vom Frieden.

4. Und wir sehn die Hirten gehn
in den Stall von Bethlehem.
Himmel klingt! Menschen, singt: Christus ist geboren!

Schluss:

D		G		D		e	
Bist	so	wun -	der -	bar,	und	nichts	ist

A		D	A		D	
so	wie	sonst		im		Jahr.

Capo II, dann:
‖: C I F C I d G I C :‖ G I C I H I e I a H I e a I d I D7 G ‖
Schluss: C I F C I d G I C G I C ‖

T. und M.: Andreas Hantke (CD)
Rechte: Strube Verlag GmbH, München

Die Christrose

Diese Blume blüht in Eis und Schnee. Manchen Menschenher-
zen fehlt das Gefühl der Liebe. Gottes Liebe ist stärker als alle
menschliche Kälte und alle feindlichen Gefühle. Weil die Christ-
rose auch im Winter blühen kann, ist sie zu einem Zeichen für
Gottes Liebe geworden, die vereiste Herzen auftauen kann. 69

Ich gebe meine Zeit, Gott, ganz in deine Hände

(Psalm 31,16). Was im letzten Jahr war, worauf wir uns im neuen Jahr freuen und wovor wir uns fürchten, das können wir Gott anvertrauen. Setzt euch in der Familie zusammen und fragt: Was war im letzten Jahr schön? Was war traurig? Ihr könnt dazu Dinge sammeln, die beim Reden helfen: Urlaubsbilder, Geschenke, Briefe usw.

Worauf freue ich mich im nächsten Jahr? Was macht mir Angst? Zu diesen Fragen könnt ihr als Familie gemeinsam ein großes Papier bemalen. Jeder und jede malt zunächst schweigend für sich. Dann ratet ihr, was jeder dargestellt hat, und erzählt euch anschließend gegenseitig, was ihr jeweils gemalt habt. Zum Abschluss könnt ihr singen oder beten, zum Beispiel: „Von guten Mächten...".

40   Von guten Mächten

1. Von gu-ten Mäch-ten treu und still um-ge-ben, be-hü-tet und ge-trös-tet wun-der-bar, so will ich die-se Ta-ge mit euch le-ben

und mit euch ge-hen in ein neu-es

Kehrvers

Jahr. Von gu-ten Mäch-ten

wun-der-bar ge-bor-gen, er-war-ten

wir ge-trost, was kom-men mag.

Gott ist mit uns am A-bend und am

Mor-gen und ganz ge-wiss an

je-dem neu-en Tag.

2. Lass warm und hell die Kerzen heute flammen,
die du in unsre Dunkelheit gebracht,
führ, wenn es sein kann, wieder uns zusammen.
Wir wissen es, dein Licht scheint in der Nacht.

Capo II, dann: C I G I a I - I F I C I d I G I C I G I a I - I F I C G I C II
(G) I (C) I G I a I - I F I a I d I G I C I G I a I - I F I G I C I - II

T.: Dietrich Bonhoeffer; M.: Siegfried Fietz
Rechte (M.): ABAKUS Musik Barbara Fietz, 35753 Greifenstein

Silvester

Als der junge Römer Silvester vor über 1700 Jahren zum Priester geweiht wurde, musste er sich verstecken. Christen drohte damals die Todesstrafe. Doch dann kam die Wende: Der neue Kaiser Konstantin beendete die grausamen Christenverfolgungen. Im Jahre 314 wurde Silvester zum Papst ernannt. Silvester starb im Jahr 335 am 31. Dezember und wurde – das passt gut – Tagesheiliger für die Jahreswende.

41 Heller Stern, du hast die Weisen

1. Hel - ler Stern, du hast die Wei - sen
einst aus fer - nem Land ge - führt,
auch die Hir - ten auf dem Fel - de
ha - ben Got - tes Kraft ge - spürt.

2. Du durchbrichst mit deinen Strahlen
Einsamkeit und Not und Nacht,
und du hast mit deinem Glanze
unsre Herzen froh gemacht.

3. Bleib nicht stehen überm Stalle,
führe uns mit deinem Schein,
geh mit uns auf unsern Wegen
mit ins neue Jahr hinein.

T.: Barbara Cratzius; M.: Paul G. Walter
Rechte (T): Rechtsnachfolge Barbara Cratzius, (M): Paul G. Walter, Schriesheim

Stern über Bethlehem **42**

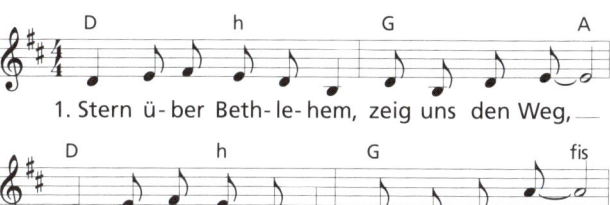

1. Stern ü-ber Beth-le-hem, zeig uns den Weg,
führ uns zur Krip-pe hin, zeig, wo sie steht,

leuch-te du uns vo-ran, bis wir dort sind,

Stern ü-ber Beth-le-hem, führ uns zum Kind!

2. Stern über Bethlehem, nun bleibst du stehn
und lässt uns alle das Wunder hier sehn,
das da geschehen, was niemand gedacht,
Stern über Bethlehem, in dieser Nacht.

3. Stern über Bethlehem, wir sind am Ziel,
denn dieser arme Stall birgt doch so viel!
Du hast uns hergeführt, wir danken dir,
Stern über Bethlehem, wir bleiben hier!

4. Stern über Bethlehem, kehrn wir zurück,
steht noch dein heller Schein in unserm Blick,
und was uns froh gemacht, teilen wir aus,
Stern über Bethlehem, schein auch zu Haus!

Capo II, dann: C a l F G l C a l F e l a e l a d (G) l C a l F (G) C ll

T. und M.: Alfred Hans Zoller
Rechte: Gustav Bosse Verlag / © Bärenreiter-Verlag, Kassel

Epiphanias

Das Wort „Epiphanias" kommt aus der griechischen Sprache. Es heißt „Erscheinung". Am 6. Januar erinnern wir uns daran, dass Jesus immer mehr Menschen „erschien". Von weither kamen Sterndeuter, um ihn zu ehren. Später hat man sie die „Heiligen Drei Könige" genannt. Zwei Planeten, Jupiter und Saturn, standen damals besonders nahe beieinander und sahen aus wie ein ganz heller Stern. Die Sterndeuter nahmen das als Zeichen dafür, dass in Israel ein König geboren wird.

In vielen Gegenden ziehen Kinder am Dreikönigstag als „Sternsinger" von Tür zu Tür und sammeln Gaben für sich selbst und bedürftige Menschen. Mit Kreide schreiben sie die Jahreszahl an den Türstock und die Buchstaben C+M+B, ein alter lateinischer Segensspruch: „Christus Mansionem Benedicat" (Christus möge das Haus segnen).

Wir kommen daher aus dem Morgenland

43

1. Wir kom-men da-her aus dem

Mor-gen-land, wir kom-men, ge-führt von

Got-tes Hand. Wir wün-schen euch ein

fröh-li-ches Jahr: Cas-par, Mel-chior und

Bal-tha-sar.

2. Es führt uns der Stern zur Krippe hin,
wir grüßen dich, Jesus, mit frommem Sinn.
Wir bringen dir unsere Gaben dar:
Weihrauch, Myrre und Gold fürwahr!

3. Wir bitten dich: Segne nun dieses Haus
und alle, die gehen da ein und aus!
Verleihe ihnen zu dieser Zeit
Frohsinn, Frieden und Einigkeit!

T.: Maria Ferschl; M.: Heinrich Rohr
Rechte: Verlag Herder, Freiburg

Ein Hirt hat viele Schafe

Jesus wächst in Galiläa auf und lernt von Josef das Zimmermannshandwerk. Als er zwölf Jahre alt ist, darf er zum ersten Mal mit in den Tempel nach Jerusalem – und erstaunt dort die Gelehrten mit seinem Wissen. Als Jesus etwa 30 Jahre alt ist, lässt er sich vom Propheten Johannes im Fluss Jordan taufen. Danach fordert er einige Fischer auf, mit ihm zu kommen. Jesus findet Freunde und Freundinnen.

Sie ziehen durch Galiläa. Jesus erzählt den Menschen von Gott. Er vergibt ihnen die Schuld und macht viele Kranke gesund. Er feiert auch gerne mit den Menschen und ist mit ihnen fröhlich. Viele Menschen, vor allem arme und ungebildete, sind begeistert von ihm. Aber die Führer des Volkes lehnen ihn ab. Sie meinen, Jesus will alle Gesetze abschaffen. Außerdem halten sie Jesus für einen Gotteslästerer und Hochstapler, weil er Sünden vergibt, was doch nur Gott selber kann. Am Ende lassen sie ihn verhaften und verurteilen ihn zum Tod.

Jesus sagt zu seinen Freunden: „Ein neues Gebot gebe ich euch: Liebt euch gegenseitig, wie ich euch geliebt habe, damit ihr einander lieb habt." (Johannes 13,34)

44 Gedränge und Gerempel

Ge- dr än- ge und Ge- rem- pel: Das Volk will

hin zum Tem- pel. "Heut fei- ern wir das Pas- sah-

fest, weil Gott sein Volk nie - mals ver- lässt."

2. Aus Nazaret die Leute
sind auch gekommen heute.
Und Jesus ist zwölf Jahre schon,
Marias und des Josefs Sohn.

3. Nur manchmal bleibt er stehen:
Es gibt so viel zu sehen.
Doch zieht's ihn dann woanders hin,
denn vieles geht ihm durch den Sinn.

4. Da! Weiß und gold und prächtig
die Mauern, groß und mächtig,
der Tempel, Gottes eignes Haus.
Da muss er hin! Er hält's kaum aus.

5. Da sitzen fromme Männer.
Er weiß: Das sind die Kenner.
Die sind so weise, so gescheit,
die wissen über Gott Bescheid.

6. Erst lauscht er, was sie sagen.
Dann stellt er viele Fragen.
Die Alten sind ganz fasziniert,
wie dieser Bub nach Wissen giert.

7. Er kann sich gar nicht trennen.
Er fühlt in sich ein Brennen
und spürt in sich die Ewigkeit,
vergisst die Eltern und die Zeit.

8. Die Eltern, Onkel, Tanten
und alle Anverwandten
sind fast zu Haus schon – da, ein Schreck:
„Der Junge fehlt! Das Kind ist weg!"

9. Sie lassen alles stehen,
um nach dem Kind zu sehen.
Im Tempel finden sie ihn dann:
Dort sitzt er, redet wie ein Mann.

10. Und seine Eltern schelten:
„Lässt du uns gar nicht gelten?
Und machst ganz einfach, was du denkst!
Merkst du denn nicht, wie du uns kränkst?"

11. Er kann sie nicht verstehen und fragt:
„Könnt ihr nicht sehen,
an diesen Ort gehör ich hin,
wo ich bei meinem Vater bin!"

12. Dann geht er mit den beiden
nach Hause. Sie vermeiden,
ihn mehr zu fragen. Und er spürt
genau jetzt, wo er hingehört.

Capo III, dann: - I D A I D I - A I D I e (h) A I G e I D A I D A II

T.: Andreas Ebert u. Kirsten Fiedler; M.: Andreas Ebert; Rechte: Claudius Verlag, München

45 Eines Tages kam einer

1. Ei - nes Ta - ges kam ei - ner, der
hat - te ei - nen Zau - ber in sei - ner Stim - me,
ei - ne Wär - me in sei - nen Wor - ten,
ei - nen Charme in sei - ner Bot - schaft.

2. Eines Tages kam einer,
der hatte eine Freude in seinen Augen,
eine Freiheit in seinem Handeln,
eine Zukunft in seinen Zeichen.

3. Eines Tages kam einer,
der hatte eine Hoffnung in seinen Wundern,
eine Kraft in seinem Wesen,
eine Offenheit in seinem Herzen.

4. Eines Tages kam einer,
der hatte eine Liebe in seinen Gesten,
eine Güte in seinen Küssen,
eine Brüderlichkeit in den Umarmungen.

5. Eines Tages kam einer,
der hatte einen Vater in den Gebeten,
einen Helfer in seinen Ängsten,
einen Gott in seinen Schreien.

6. Eines Tages kam einer,
der hatte einen Geist in seinen Taten,
eine Treue in seinen Leiden,
einen Sinn in seinem Sterben.

7. Eines Tages kam einer,
der hatte einen Schatz in seinem Himmel,
ein Leben in seinem Tode,
eine Auferstehung in seinem Grabe.

Capo II, dann: - I C I F d I G I C e I a I d I G I CII

T.: Alois Albrecht; M.: Peter Janssens; aus: Auf Messers Schneide, 1992
Rechte: Peter Janssens Musik Verlag, Telgte

46 Alles muss klein beginnen

Kehrvers

Al - les muss klein be - gin - nen. Lass et - was

Zeit ver - rin - nen. Es muss nur Kraft ge -

win - nen, und end - lich ist es groß.

1. Schau nur die - ses Körn - chen, ach, man sieht es

kaum, gleicht bald ei - nem Gras - halm. Spä - ter

wird's ein Baum. Und nach vie - len Jah - ren,

wenn ich Rent - ner bin, spen - det er mir

Schat - ten, singt die Am - sel drin:

2. Schau die feine Quelle zwischen Moos und Stein,
sammelt sich im Tale, um ein Bach zu sein.
Wird zum Fluss anschwellen, fließt zur Ostsee hin,
braust dort ganz gewaltig, singt das Fischlein drin.

3. Schau die leichte Flocke, wie sie tanzt und fliegt
bis zu einem Ästchen, das unterm Schnee sich biegt.
Landet da die Flocke und durch ihr Gewicht,
bricht der Ast herunter und der Rabe spricht:

4. Manchmal denk ich traurig: Ich bin viel zu klein!
Kann ja doch nichts machen! Und dann fällt mir ein:
Erst einmal beginnen. Hab ich das geschafft,
nur nicht mutlos werden, dann wächst auch die Kraft.
(zweite Hälfte der Strophenmelodie wiederholen:)
Und dann seh ich staunend: Ich bin nicht allein.
Viele Kleine, Schwache stimmen mit mir ein:

T. und M.: Gerhard Schöne
Rechte: Buschfunk Produktion, Berlin

Jesus und die Kinder

Einmal kommen Eltern zu Jesus mit ihren Kindern. Sie wollen,
dass er die Kinder segnet. Doch die Jünger finden, dass die
Kinder stören und schimpfen mit ihnen. Jesus aber sagt: „Lasst
die Kinder zu mir kommen und hindert sie nicht daran, denn
Menschen wie ihnen gehört das Himmelreich." Er umarmt jedes
Kind, legt ihm die Hände auf den Kopf und segnet es. 81

47 Singt und tanzt und jubelt laut vor Freuden

Kehrvers

Singt und tanzt und ju-belt laut vor Freu-den!

Gott, der Herr, lässt uns ein Fest be-rei-ten.

Kommt he-rein, auch ihr seid ein-ge-la-den!

Kommt und lasst uns mit ihm fröh-lich sein!

1. Reiß dich los und ei-le ins

Va-ter-haus! Er, dein Va-ter,

schaut längst schon nach dir aus.

2. Er, dein Vater, will dir vergeben.
So beginnst du dein neues Leben.

3. Niemals wird das Feiern zu Ende sein.
Nach der Fremde bist du ja nun daheim

T. u. M.: Jesus-Bruderschaft Gnadenthal
Rechte: © Jesus-Bruderschaft e.V., Gnadenthal

Psalm 23

Der Herr ist mein Hirte,
mir wird nichts mangeln.
Er weidet mich auf einer grünen Aue
und führt mich zum frischen Wasser.
Er erquickt meine Seele.
Er führt mich auf rechter Straße
um seines Namens willen.
Und ob ich schon wanderte im finstern Tal,
fürchte ich kein Unglück;
denn du bist bei mir,
dein Stecken und Stab trösten mich.
Du bereitest vor mir einen Tisch
im Angesicht meiner Feinde.
Du salbst mein Haupt mit Öl
und schenkst mir voll ein.
Gutes und Barmherzigkeit
werden mir folgen mein Leben lang,
und ich werde bleiben im Hause des Herrn immerdar.

83

48 Wir danken dir, Herr Jesus

1. Wir dan-ken dir, Herr Je-sus, wir dan-ken dir, Herr Je-sus; wir dan-ken dir, Herr Je-sus, du bist gut. Wir dan-ken dir, Herr Je-sus, wir dan-ken dir, Herr Je-sus, wir dan-ken dir, Herr Je-sus, du bist gut.

2. Wir loben dich, Herr Jesus ...
3. Wir singen dir, Herr Jesus ...
4. Wir dienen dir, Herr Jesus ...
5. Du segnest uns, Herr Jesus ...

1. Asante sana Yesu, asante sana Yesu,
   asante sana Yesu mwokozi. (2 x)
2. Ninakupenda Yesu moyoni ...
3. Umsalde Yesu moyoni ...
4. Ukae nasi Yesu moyoni ...
5. Utuokoe Yesu moyoni ...

Capo III, dann:
- I D I - I G I A I D I - I G I A I D I (D7) I G I A I G I A (A7) I D ||

T. und M.: aus Tansania;
Rechte dt. Text: Dr. Wilson Niwaglia (Vereinte Evangel. Mission)

Ich bin das Brot des Lebens

Wer zu mir kommt, der wird nicht hungern. Wer an mich glaubt, den wird nicht dürsten. (Johannes 6,35)

Fünf Brote und zwei Fische

49

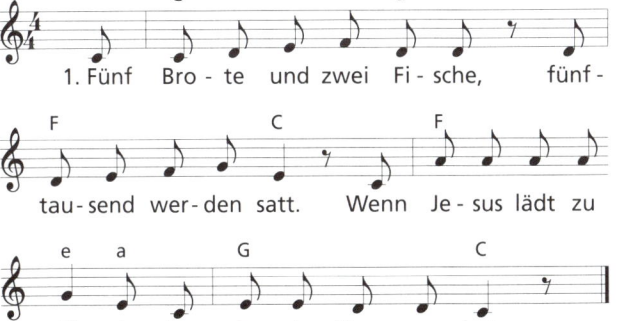

1. Fünf Bro-te und zwei Fi-sche, fünf-tau-send wer-den satt. Wenn Je-sus lädt zu Ti-sche den, der da Hun-ger hat.

2. Er lässt, der Not zu wehren, der Not in aller Welt,
die Brote sich vermehren, die er in Händen hält.

3. Er sagt: Ihr sollt den steilen Weg gehen bis ans Ziel,
sollt mit den andern teilen, aus wenig machen viel.

4. Er sagt: Geh, sei mein Bote, teil aus an meiner Statt,
zwei Fische und fünf Brote, und alle werden satt.

T.: Rudolf Otto Wiemer; M.: Ludger Edelkötter
Rechte (T) Rudolf Otto Wiemer Erben, Hildesheim, (M): KiMu Kinder Musik Verlag GmbH,
48417 Drensteinfurt

50 Als Jesus kam nach Jericho

1. Als Je-sus kam nach Je-ri-cho, da saß

am Stra-ßen-rand ein Mann, der nichts mehr

se-hen konnt' und kei-nen Freund mehr fand. Der

blin-de Bar-ti-mä-us war so arm und so al-

lein. Doch als er hört, der Herr ist da, fing

er laut an zu schrein. So ist es

ge-schehn, so ist es ge-schehn,

da saß ein Mann am Stra-ßen-rand, der

konn-te nichts mehr sehn. _____ So ist es ge-schehn, _____ so ist es ge-schehn, _____ da saß ein Mann am Stra-ßen-rand, der konn-te nichts mehr sehn. _____

2. „O Jesus, Herr aus Nazaret!" Was war das ein Geschrei!
„Erbarme dich! Erbarme dich, o Herr und steh mir bei!"
Die Leute wurden ärgerlich, und sie bedrohten ihn.
Jedoch der Mann am Straßenrand hat weiter laut geschrien.
So ist es geschehn. So ist es geschehn.
Da war ein Mann am Straßenrand, der wollt' zu Jesus gehn.

3. Sie sagten: „Geh zur Seite, Mann und sei jetzt endlich still!"
Jedoch der Mann am Straßenrand war ja schon fast am Ziel.
„O Jesus, Herr aus Nazaret! Erbarme dich!", schrie er.
Als Jesus ihn so schreien hört', da rief er: „Komm doch her!"
So ist es geschehn. So ist es geschehn.
Da war ein Mann vom Straßenrand, der durft' zu Jesus gehn.

4. Da stand sogleich der Blinde auf und ging zu Jesus nun.
Und Jesus sah ihn freundlich an und fragt': „Was soll ich tun?"
So stand der arme Bruder da, vom Straßenrand der Mann.
Und voll Vertrauen sagte er: „Mach, dass ich sehen kann!"
So ist es geschehn. So ist es geschehn.
Da war ein Mann vom Straßenrand, der blieb vor Jesus stehn.

Capo III, dann: - I D I A I D (h) A I D I e I D (h) I A I D I G I D I e I D I G I
D I E7 I A I D I G I e I A (fis) I D (h) I e I A(7) I D I D I G I e I A (fis) I D (h)
I e I A(7) I D II

T.: Rolf Krenzer; M.: Peter Janssens; aus: Ich schenk dir einen Sonnenstrahl, 1985
Rechte: Peter Janssens Musik Verlag, Telgte

51 Ich tanzte am Morgen

1. Ich tanz-te am Mor-gen, die
1. I danced in the mor-ning when the

Welt war noch jung, – der Son-ne, dem
world was be-gun. And I danced in the

Mond und den Ster-nen gab ich Schwung. Ich
moon and the stars and the sun, and I

tanz-te zur Er-de vom Him-mels-
came down from hea-ven and I danced on the

zelt, in Beth-le-hems Stall kam ich zur Welt.
earth, at Beth-le-hem I had my birth.

Tanz, tanz, und fällt es dir auch schwer,
Dance then, where-e-ver you may be,

ich bin der tan-zen-de Gott, sagt
I am the Lord of the Dance, said

er,   und   ich   füh - re   euch,   wo
he.   And   I'll   lead   you   all,   where -

im - mer ihr auch seid,   ja   ich   führ euch
e - ver   you may be,   and I'll lead you

tan - zend   durch   al - le   Zeit.
all   in   the   dance, said   he.

2. Ich tanzte für Leute, die war'n schriftgelehrt,
die wollten das nicht, denn die fanden das verkehrt.
Ich tanzte für Fischer, für Jakob und Hans,
und die tanzten mit, weiter geht der Tanz.
Tanz, tanz...

3. Ich tanzte am Sabbat, nahm dem Lahmen sein Leid,
die Herrschenden sagten: Nein, nein, das geht zu weit!
Man peitschte mich, zog mich aus und hängte mich auf,
die tödliche Kälte kroch in mir rauf.
Tanz, tanz...

4. Ich tanzte Karfreitag, doch ohne Musik,
das Tanzen ist schwer mit dem Teufel im Genick.
Ich kam in ein Grab, noch ein Stein obendrauf.
Doch ich bin der Tanz und der hört nicht auf!
Tanz, tanz...

5. Sie legten mich um, doch ich steh wieder auf,
denn ich bin das Leben, ich gebe niemals auf!
Ich lebe in euch, lebt doch ihr auch in mir,
denn ich bin der tanzende Gott, sagt er.
Tanz, tanz...

Englischer Text auf der nachfolgenden Seite!

89

2. I danced for the scribe and the pharisee,
but they would not dance and they wouldn't follow me.
I danced for the fishermen, for James and John –
they came with me and the dance went on.

3. I danced on the Sabbath and I cured the lame,
the holy people said it was a shame.
They whipped and they stripped and they hung me high,
and left me there on a cross to die.

4. I danced on a Friday when the sky turned black –
it's hard to dance with the devil on your back.
They buried my body and they thought I'd gone –
but I am the dance and I still go on.

5. They cut me down and I leap up high –
I am the life that'll never, never die.
I'll live in you if you'll live in me.
I am the Lord of the Dance, said he.

T.: Peter Schröder-Ellies; M.: Traditional
Rechte: Claudius Verlag, München

52   Sei doch mal leise

1. Sei doch mal lei - se! Hör doch, es
klopft an dei - ner Tür!

klopfen

90

Sei doch lei - se! Hör doch, es klopft an dei - ner Tür! *klopfen*

Brauchst dich nicht fürch - ten, brauchst dich nicht sor - gen: Je - sus, der kommt als Freund zu dir! *klopfen*

2. Hey, spitz die Ohren:
Hör doch, es klopft an deiner Tür!
Spitz die Ohren:
Hör doch, es klopft an deiner Tür!
Und wenn du aufmachst, dann sagt dir Jesus:
Wir feiern heut ein Fest bei dir!

3. Öffne doch endlich:
Hör doch, es klopft an deiner Tür!
Öffne endlich:
Hör doch, es klopft an deiner Tür!
Essen und trinken, tanzen und lachen
und viel erzählen werden wir!

T.: Ulrike Wilhelm und Andreas Ebert; M.: Traditional (CD)
Rechte: Claudius Verlag, München

Ich bin die Tür

„Wenn jemand durch mich eintritt, wird er gerettet werden."
(Johannes 10,9)

91

53 Hört, wen Jesus glücklich preist

1. Hört, wen Je-sus glück-lich preist,
Hal-le-lu - - ja, wem er Got-tes Reich
ver-heißt, Hal-le-lu - - - ja!

2. Dem, der Gott nichts bieten kann, Halleluja,
bietet Gott die Freundschaft an, Halleluja!

3. Wem hier großes Leid geschah, Halleluja,
dem ist Gottes Trost ganz nah, Halleluja!

4. Wer von Macht und Krieg nichts hält, Halleluja,
erbt am Ende Gottes Welt, Halleluja!

5. Hungert uns nach Gerechtigkeit, Halleluja,
steht uns Gottes Tisch bereit, Halleluja!

6. Keinen, der barmherzig ist, Halleluja,
Gottes Liebe je vergisst, Halleluja!

T.: Kurt Hoffmann / Friedrich Walz; M.: Spiritual
Rechte: Gustav Bosse Verlag / © Bärenreiter-Verlag, Kassel

Alle Menschen sind Schwestern und Brüder,

weil Gott unser Vater ist. Was wir für die tun, die in Not sind, das haben wir für Jesus selbst getan. Er sagt:

„Ich bin hungrig gewesen und ihr habt mir zu essen gegeben.
Ich bin durstig gewesen und ihr habt mir zu trinken gegeben.
Ich bin ein Fremder gewesen und ihr habt mich beherbergt.
Ich bin nackt gewesen und ihr habt mich bekleidet.
Ich bin krank gewesen und ihr habt mich besucht.
Ich bin gefangen gewesen und ihr seid zu mir gekommen."

(Matthäus 25,35ff)

54 Jesus, der zu den Fischern lief

1. Je-sus, der zu den Fi-schern lief und Si-mon und And-re-as rief, sich doch ein Herz zu fas-sen, die Net-ze zu ver-las-sen – viel-leicht kommt er auch heut vor-bei, ruft mich und dich, zwei o-der drei, doch al-les auf-zu-ge-ben, und treu ihm nach-zu-le-ben.

2. Jesus, der durch die Straßen kam,
den Mann vom Zoll zur Seite nahm
und bei ihm wohnen wollte, dass der sich freuen sollte –
vielleicht kommt er auch heut vorbei,
fragt mich und dich, zwei oder drei:
Wollt ihr mir euer Leben, und was ihr liebhabt, geben?

3. Der durch die Welt geht und die Zeit,
ruft nicht, wie man beim Jahrmarkt schreit.
Er spricht das Herz an, heute, und sammelt seine Leute.
Und blieben wir auch lieber stehn –
zu wem denn sollen wir sonst gehn?
Er will uns alles geben, die Wahrheit und das Leben.

T.: Jürgen Henkys; M.: Frits Mehrtens
Rechte: (T): Strube Verlag, München, Rechte (M): Interkerkelijke Stichting voor het Kerklied,
Leidschendam

Jahreslauf: Passionszeit

Es geht ein Weinen um die Welt

„Passion" ist lateinisch und heißt „Leiden". In der Passionszeit denken wir daran, wie Jesus verraten und von seinen Freunden im Stich gelassen wurde, wie er gelitten hat und gestorben ist. Die Passionszeit nennt man auch Fastenzeit. Sie beginnt mit dem Aschermittwoch, sechseinhalb Wochen vor Ostern, und hört mit dem Ostersonntag auf. Immer mehr Erwachsene und Kinder fasten. Sie machen mit bei der Aktion „Sieben Wochen ohne". Sie verzichten in der Fastenzeit auf Süßigkeiten, Fernsehen oder Computerspielen, Erwachsene auf Alkohol und Zigaretten. Manche Kinder fasten kürzer („Sieben Tage ohne").

55 Es geht ein Weinen um die Welt

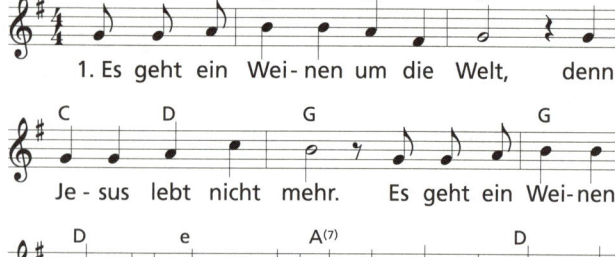

1. Es geht ein Wei-nen um die Welt, denn Je-sus lebt nicht mehr. Es geht ein Wei-nen um die Welt. Uns ist das Herz so schwer. Am

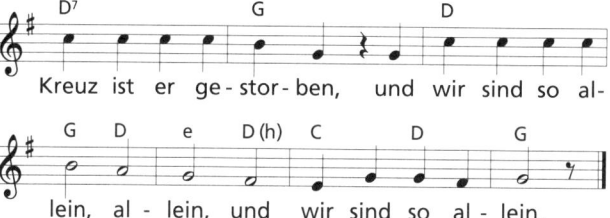

Kreuz ist er ge-stor-ben, und wir sind so allein, al - lein, und wir sind so al - lein.

2. Es geht ein Klagen um die Welt, denn Jesus lebt nicht mehr.
Es geht ein Klagen um die Welt. Uns ist das Herz so schwer.
Im Grab muss er nun liegen. Davor ein schwerer Stein.
Ein Stein. Und wir sind so allein.

3. Es geht ein Trauern um die Welt, denn Jesus lebt nicht mehr.
Es geht ein Trauern um die Welt. Uns ist das Herz so schwer.
Man hat ihn uns genommen, und wir sind so allein.
Allein. Und wir sind so allein.

4. Es geht ein Freuen um die Welt. Schaut her, das Grab ist leer!
Es geht ein Freuen um die Welt, und es wird immer mehr.
Gott ließ ihn auferstehen. Kommt her und weint nicht mehr. Kommt her! Und es wird immer mehr.

3. Es geht ein Lachen um die Welt, wir dürfen fröhlich sein.
Es geht ein Lachen um die Welt. Wir sind nicht mehr allein!
Er lebt. Wir können Ostern uns drum von Herzen freun.
Stimmt ein! Er wird stets bei uns sein!

T.: Rolf Krenzer, M.: Martin Göth; Rechte (T) Dagmar Krenzer-Domina (RN Rolf Krenzer), Rechte (T): Rolf Krenzer Erben, Dillenburg, (M): Musikverlag Martin Göth, Ortenburg

Die Karwoche

ist die letzte Woche in der Passionszeit (von Palmsonntag bis Karsamstag). „Kar" ist ein altes Wort und heißt „Leid" oder „Sorge".

97

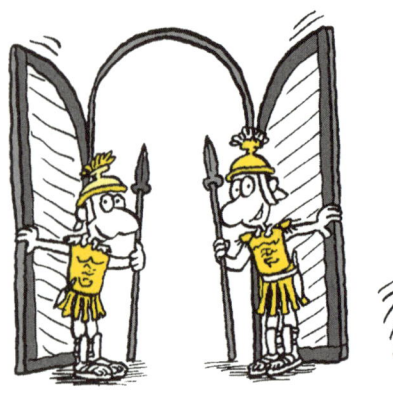

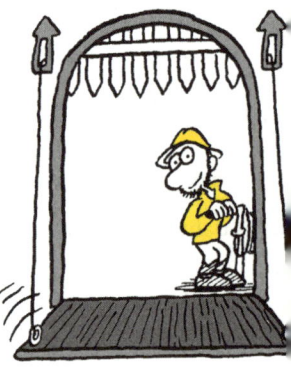

56 Reißt alle Tore auf

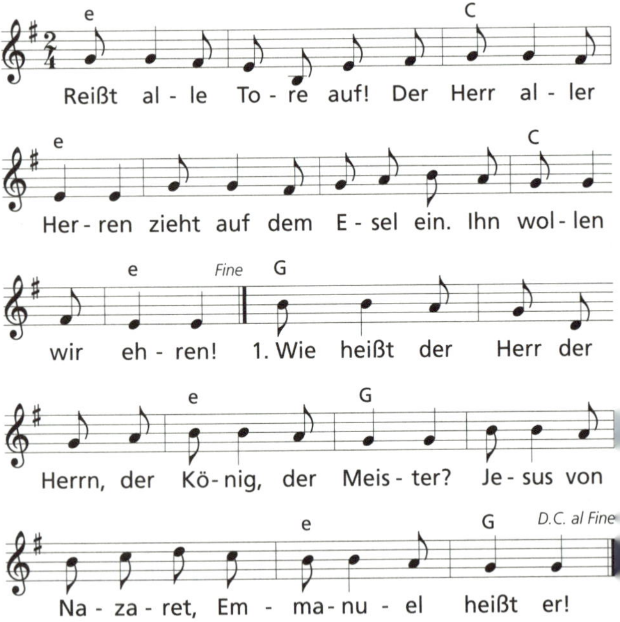
e C
Reißt al - le To - re auf! Der Herr al - ler
e C
Her - ren zieht auf dem E - sel ein. Ihn wol - len
e Fine G
wir eh - ren! 1. Wie heißt der Herr der
e G
Herrn, der Kö - nig, der Meis - ter? Je - sus von
e G D.C. al Fine
Na - za - ret, Em - ma - nu - el heißt er!

2. Er zog durch Galiläa, heilte die Kranken,
kündete Gottes Reich, durchbrach viele Schranken.
Reißt alle Tore...

3. Gott wurde Mensch in ihm, ein Bruder der Armen.
Und durch ihn glauben sie an Gottes Erbarmen.
Reißt alle Tore...

4. Er gab sein Leben her, um uns zu erlösen.
Alle, die ihm vertrauen, befreit er vom Bösen.
Reißt alle Tore...

5. Er hat den Tod besiegt, das Böse bezwungen.
Ihm sei für alle Zeit gedankt und gesungen! Reißt...

T. (engl.): Willard F. Jabusch, M.: Israelisches Volkslied, dt. Text: Andreas Ebert
Rechte: 1966, 1984 by Willard F. Jabusch, USA, Rechte für D/A/CH: Hänssler Verlag,
71087 Holzgerlingen

57 Jesus zieht in Jerusalem ein

1. Je-sus zieht in Je-ru-sa-lem ein, Ho-si-an-na! Al-le Leu-te fan-gen auf der Stra-ße an zu schrein: Ho-si-an-na, Ho-si-an-na, Ho-si-an-na in der Höh! Ho-si-an-na, Ho-si-an-na, Ho-si-an-na in der Höh!

2. Jesus zieht in Jerusalem ein, Hosianna!
Seht, er kommt geritten, auf dem Esel sitzt der Herr.
Hosianna, Hosianna, Hosianna in der Höh!
Hosianna, Hosianna, Hosianna in der Höh!

3. Jesus zieht in Jerusalem ein, Hosianna!
Kommt und legt ihm Zweige von den Bäumen auf den
Weg! Hosianna, Hosianna, Hosianna in der Höh!
Hosianna, Hosianna, Hosianna in der Höh!

4. Jesus zieht in Jerusalem ein, Hosianna!
Kommt und breitet Kleider auf der Straße vor ihm aus!
Hosianna, Hosianna, Hosianna in der Höh!
Hosianna, Hosianna, Hosianna in der Höh!

5. Jesus zieht in Jerusalem ein, Hosianna!
Alle Leute rufen laut und loben Gott den Herrn!
Hosianna, Hosianna, Hosianna in der Höh!
Hosianna, Hosianna, Hosianna in der Höh!

6. Jesus zieht in Jerusalem ein, Hosianna!
Kommt und lasst uns bitten, statt das „Kreuzige" zu
schrein:
Komm, Herr Jesus, komm, Herr Jesus, komm, Herr Jesus,
auch zu uns!
Komm, Herr Jesus, komm, Herr Jesus, komm, Herr Jesus,
auch zu uns!

T. und M.: Gottfried Neubert 1968;
Rechte: Strube Verlag GmbH, München

Der Palmsonntag

An diesem Sonntag denken die Christen daran, dass Jesus auf
einem Esel nach Jerusalem hineingeritten ist. Viele Menschen
jubelten ihm zu und schwenkten Palmzweige. Aber nicht alle
freuten sich. Für die Machthaber galt Jesus als Unruhestifter. Sie
suchten nach einer Gelegenheit, ihn festzunehmen.

101

Gründonnerstag

„Grün" kommt von dem alten deutschen Wort „gronan" und heißt „weinen". Jesus ist mit seinen Freunden nach Jerusalem gekommen, um das Passahfest zu feiern. Dieses Fest erinnert an den Auszug des Volks Israel aus Ägypten und seine Befreiung aus der Sklaverei. Aber Jesus ist nicht in froher Festlaune. Er weiß, dass er bald sterben wird.

Er nimmt das Brot, dankt Gott dafür, bricht es und sagt: „Das ist mein Leib, den ich für euch hingebe." Nach dem Mahl nimmt er den Becher mit dem Wein, dankt Gott und sagt: „Das ist mein Blut, das ich für euch hingebe. Ihr sollt dieses Mahl immer wieder feiern. Wenn ihr vom Brot esst und vom Wein trinkt, dann sollt ihr gewiss sein: Ich bin bei euch."

Passahlamm — ungesäuerte Brote — Wein — bittere Kräuter

58 Bleibet hier und wachet mit mir

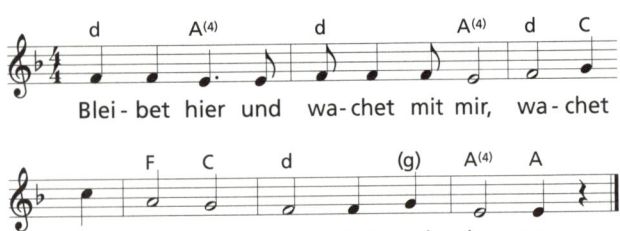

Blei-bet hier und wa-chet mit mir, wa-chet und be-tet, wa-chet und be-tet.

T.: Gesang aus Taizé; M.: Jacques Berthier
Rechte: Ateliers et Presses de Taizé; 71250 Taizé-Communauté

Korn, das in die Erde, in den Tod versinkt

1. Korn, das in die Er-de, in den
Keim, der aus dem A-cker in den

Tod ver-sinkt; Lie-be lebt auf, die
Mor-gen dringt –

längst er-stor-ben schien: Lie-be wächst wie

Wei-zen, und ihr Halm ist grün.

2. Über Gottes Liebe brach die Welt den Stab,
wälzte ihren Felsen vor der Liebe Grab:
Jesus ist tot. Wie sollte er noch fliehn?
Liebe wächst wie Weizen, und ihr Halm ist grün.

3. Im Gestein verloren Gottes Samenkorn,
unser Herz gefangen in Gestrüpp und Dorn –
hin ging die Nacht, der dritte Tag erschien:
Liebe wächst wie Weizen, und ihr Halm ist grün.

T.: Jürgen Henkys (1976) 1978 nach dem englischen „Now the green blade rises"
von John Macleod Campbell Crum 1928; M.: „Noel nouvelet" Frankreich 15. Jh.
Rechte: Strube Verlag GmbH, München

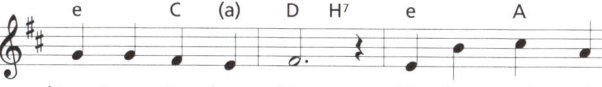

60 Seht hin, er ist allein

1. Seht hin, er ist al - lein im Gar - ten.
Er fürch - tet sich in die - ser Nacht, weil Qual
und Ster - ben auf ihn war - ten und kei -
ner sei - ner Freun - de wacht. Du hast die
Angst auf dich ge - nom - men, du
hast er - lebt, wie schwer das ist.
Wenn ü - ber uns die Ängs - te kom - men,
dann sei uns nah, Herr Je - sus Christ!

Die Gefangennahme (Matthäus 26,47–56)

2. Seht hin, sie haben ihn gefunden.
Sie greifen ihn. Er wehrt sich nicht.
Dann führen sie ihn fest gebunden
dorthin, wo man sein Urteil spricht.
Du ließest dich in Bande schlagen,
dass du uns gleich und hilflos bist.
Wenn wir in unsrer Schuld verzagen,
dann mach uns frei, Herr Jesus Christ!

Vor dem Hohen Rat (Matthäus 26,57–68)

3. Seht hin, wie sie ihn hart verklagen,
man schlägt und spuckt ihm ins Gesicht
und will von ihm nur Schlechtes sagen.
Und keiner ist, der für ihn spricht!
Wenn wir an andern schuldig werden
und keiner unser Freund mehr ist,
wenn alles uns verklagt auf Erden,
dann sprich für uns, Herr Jesus Christ!

T.: Friedrich Walz 1971,
M.: 1. Teil Götz Wiese 1986, 2. Teil Guillaume Franc 1543
Rechte: Strube-Verlag GmbH, München

Karfreitag

Judas schleicht sich nach dem Passahmahl davon, um den Mächtigen zu verraten, wo Jesus sich aufhält. Es wird Nacht. Jesus ist sehr traurig und geht mit seinen Freunden in den Garten Gethsemane. Judas kommt mit römischen Soldaten in den Garten und Jesus wird verhaftet.

Palästina ist zur Zeit Jesu von den Römern besetzt. Um für Ruhe und Ordnung zu sorgen, arbeiten die Römer und das jüdische Gericht zusammen. Jesus wird vor das höchste jüdische Gericht gestellt.

Kaiphas, der Hohe Priester, fragt Jesus: „Bist du der versprochene Retter, Gottes Sohn?" Er antwortet: „Ja, ich bin es". Mit diesen Worten hat Jesus für das Gericht das erste Gebot verletzt, den Glauben an einen einzigen Gott. Darauf steht die Todesstrafe. Jesus wird zum Tod am Kreuz verurteilt.

Zur Vollstreckung wird er dem römischen Statthalter Pilatus übergeben. Obwohl der Jesus für unschuldig hält, traut er sich nicht, ihm zu helfen.

Bis er an das Kreuz geschlagen wird, muss Jesus noch viel leiden. Er wird gequält und verspottet. Seine Freunde haben Angst, ihm beizustehen, weil sie fürchten, selbst verurteilt zu werden. Er ist sehr allein.

61   Wie hatte das Volk sich gefreut

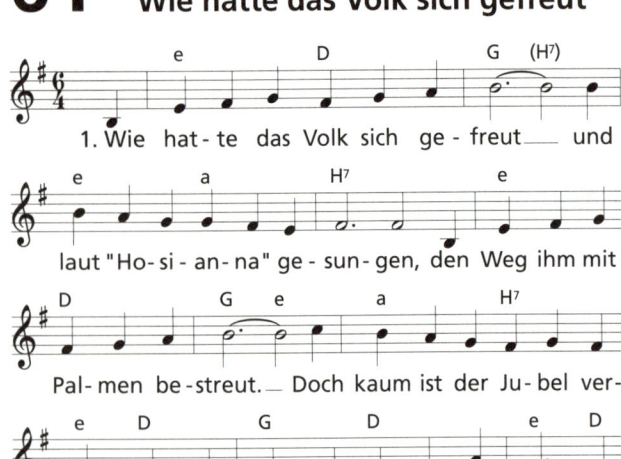

1. Wie hat-te das Volk sich ge-freut und laut "Ho-si-an-na" ge-sun-gen, den Weg ihm mit Pal-men be-streut. Doch kaum ist der Ju-bel ver-klun-gen, da schrei-en die-sel-ben Mas-sen: "Wir wol-len ihn kreu-zi-gen las-sen!"

2. Die Jünger, die waren durchs Land
drei Jahre mit Jesus gezogen.
Sie hatten den Retter erkannt.
Doch jetzt fühlen sie sich betrogen.
Er lässt sich einfach verhaften.
Wer kann das verstehn und verkraften?

3. Jetzt hat ihn der Staat in der Hand.
Die Machthaber feixen und lachen:
„Es herrscht wieder Ruhe im Land.
Der kann keinen Schaden mehr machen!
Verführt hat der Kerl die Leute.
Dafür soll er büßen! Noch heute!"

4. Sein Kreuz muss er selbst vor die Stadt
zum Galgenberg Golgatha tragen.
Von Folter und Schlägen todmatt stürzt er hin.
Nur einer will's wagen,
ihm jetzt zu Hilfe zu eilen,
die Qual seines Weges zu teilen.

5. Am Kreuz hängt er nackt und allein.
Drei Menschen nur sind ihm geblieben:
Die Mutter will jetzt bei ihm sein
und Freundin und Freund, die ihn lieben.
Und wie sie dastehn und weinen,
da tröstet er sterbend die Seinen.

T. und M.: Andreas Ebert (CD)
Rechte: Claudius Verlag, München

Jesus wird ans Kreuz genagelt.

Als Jesus stirbt, senkt sich eine Finsternis über die Erde und
der Vorhang im Tempel zerreißt in zwei Teile. Jesus schreit:
„Mein Gott, mein Gott, warum hast du mich verlassen!" Dann
ist Jesus tot.

62 Gestorben, begraben

1. Ge - stor - ben, be - gra - ben, der Tod hat gesiegt, wenn wie - der ein Mensch im Gra - be
liegt. Er lieb - te das Le - ben, und wir lieb - ten
ihn. Doch jetzt stehn wir schwei - gend, ver -
stehn nicht den Sinn.

2. Gestorben, begraben, der Tod hat gesiegt,
seit Jesus, der Retter, im Grabe liegt.
Er war unsre Hoffnung auf ewiges Licht.
Doch seit er am Kreuz hängt, glauben wir's nicht.

3. Gestorben, begraben, doch dann am dritten Tag,
⦃finden sie das Grab leer, in dem Jesus lag.
Die Frauen stehn schweigend, verstehn nicht den Sinn.

⦃Was ist mit dem Tod? ⦃Wo ist Jesus hin?

Schluss: e(7)   (e6)   (e5+)

4. Ein selt - sa - mes Grab, in dem kei - ner mehr

e   e(7)   (e6)   (e5+)   E

liegt. Ist da - mit tat - säch - lich der Tod be - siegt?

T. und M.: Werner Tiki Küstenmacher (CD)
Rechte: Claudius Verlag, München

Warum ist Jesus gestorben?

Er ist aus Liebe gestorben. Er wollte, dass die Menschen nicht
im Tod bleiben. Er ist ja als erster von den Toten auferstanden.
Nun brauchen die Menschen keine Angst mehr vor dem Sterben zu haben.
Angela

Es gibt ja so viele Menschen, die krank sind, denen geht es echt
schlecht und die müssen leiden. Die können sich jetzt drauf
verlassen, dass Jesus sie versteht. Weil er das ja alles selbst erlebt hat. Wenn er nicht am Kreuz gestorben wäre, wären die
Leute sich da vielleicht nicht so sicher und fühlten sich alleine.
Max

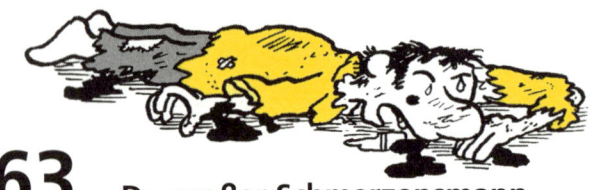

63 Du großer Schmerzensmann

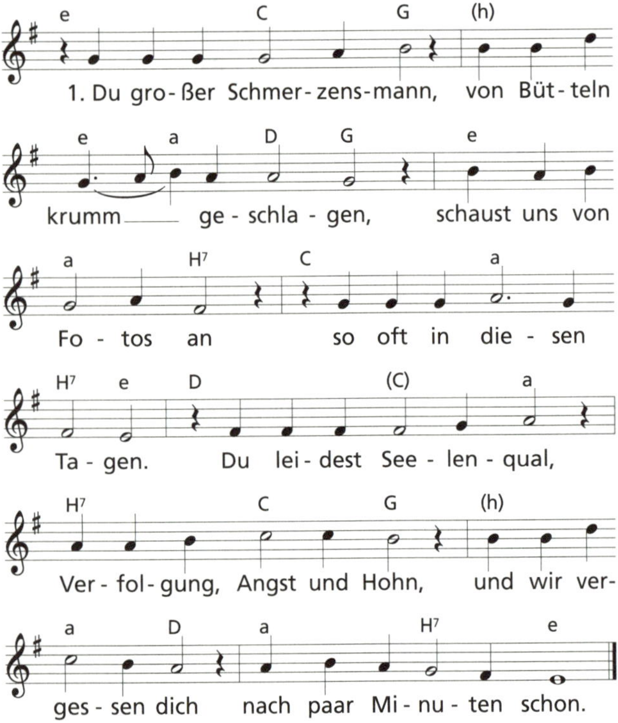
e C G (h)
1. Du gro-ßer Schmer-zens-mann, von Büt-teln
e a D G e
krumm ge-schla-gen, schaust uns von
a H7 C a
Fo-tos an so oft in die-sen
H7 e D (C) a
Ta-gen. Du lei-dest See-len-qual,
H7 C G (h)
Ver-fol-gung, Angst und Hohn, und wir ver-
a D a H7 e
ges-sen dich nach paar Mi-nu-ten schon.

2. Du blasse Schmerzensfrau, entwurzelt und gestrandet,
nach langem Leidensweg nun auf dem Strich gelandet.
Die Augen blicken leer, zerstochen Arm und Hand.
Die Armut trieb dich ab aus deinem Heimatland.

3. Du dürres Schmerzenskind, seh dich am Boden liegen,
dein Mund zu schwach zum Schrein, dein Kopf besetzt von
Fliegen. Rettung ist nicht in Sicht. Du lebst am falschen Fleck.
Die Rüstung, die uns drückt, frisst dir das Breichen weg.

4. Du armes Schmerzenstier, in den Labors getestet.
Für unsern Appetit auf engstem Raum gemästet.
Vergiftet und bestrahlt, gestresst die ganze Zeit,
entseelt und ausgelöscht für unsre Sicherheit.

5. Ach Jesu, immerfort wirst du ans Kreuz geschlagen
hier und an jedem Ort, heut und an allen Tagen.
Und wer bin ich dabei? Der in der Menge steht?
Der dich nicht kennen will? Der stumm vorübergeht?

T.: Gerhard Schöne 1990; M.: Martin Jan 1652 (1663)
Rechte: Buschfunk Produktion, Berlin

Iesus = Jesus
CHristos = Christus
The-u = Gottes
h**Y**ios = Sohn
Sotär = Retter

Der Fisch

Fisch heißt im Griechischen „Ichtys". Mit den einzelnen Buchstaben dieses griechischen Wortes bildeten die Christen eines der ersten Glaubensbekenntnisse.

Der Anker

Er ist Zeichen dafür: Wer sein Leben fest im Glauben an Jesus Christus verankert, der wird nach seinem Tod ein Leben bei Gott haben.

Das Kreuz als Zeichen

Erst im Laufe der Zeit wird das Kreuz ein Hoffnungszeichen für die Christen. Es erinnert daran: Jesus Christus hat den Tod überwunden. Wer an ihn glaubt, wird nach seinem Tod ein neues Leben bei ihm haben. Deshalb wurde das Kreuz auch als Lebens- und Hoffnungsbaum dargestellt.

Karsamstag

ist der „Tag der Grabesruhe". Die Glocken schweigen wie am Karfreitag. Auf dem Altar werden keine Kerzen angezündet. Auf dem Altar liegen keine Tücher, oder nur ein schwarzes, lauter Zeichen der Trauer über den Tod Jesu.

Der Stein ist fort, das Grab ist leer!

Das Osterfest ist das Fest der Auferstehung Christi. Jesus ist nicht im Tod geblieben. Er ist auferstanden. Er lebt.
Der Name „Ostern" stammt von der Himmelsrichtung „Osten", denn zwischen dem Frühlingsanfang und dem Ostersonntag steht die Sonne auf ihrem östlichsten Punkt zur Erde.
Das Osterfest ist ein Fest der Befreiung: Jesus Christus verspricht den Menschen, die an ihn glauben: „Auch ihr werdet nicht im Tod bleiben, sondern auferstehen und bei mir leben."

64 Sing Halleluja unserm Herrn

Sing Hal - le - lu - ja. Hal - - -

Herrn. Sing Hal - le -

le - lu - - ja.

lu - ja, sing Hal - le - lu - ja, sing Hal - le -

Sing Hal - le - lu - ja un - serm

lu - ja un - serm Herrn.

2. Jesus erstand aus seinem Grab.

3. Jesus lebt in uns, seinem Leib.

4. Jesus kommt bald in Herrlichkeit.

5. Jesus ist König, Herr der Welt.

1. Sing Halleluja to the Lord.

2. Jesus is risen from the death.

3. Jesus is living in his church.

4. He's coming back to claim His own.

5. Jesus is King and Lord of all.

Capo ll: ll: a l e l a l e l a l e l a l e l a l E l a l e l F l C l a l e l a l e :ll

T. und M. (Orig.): L. Stassen
Rechte: New Song Ministries, Huntington Beach, California

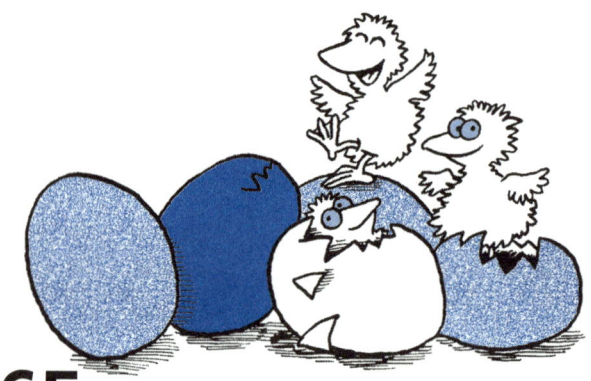

65 Wir wollen alle fröhlich sein

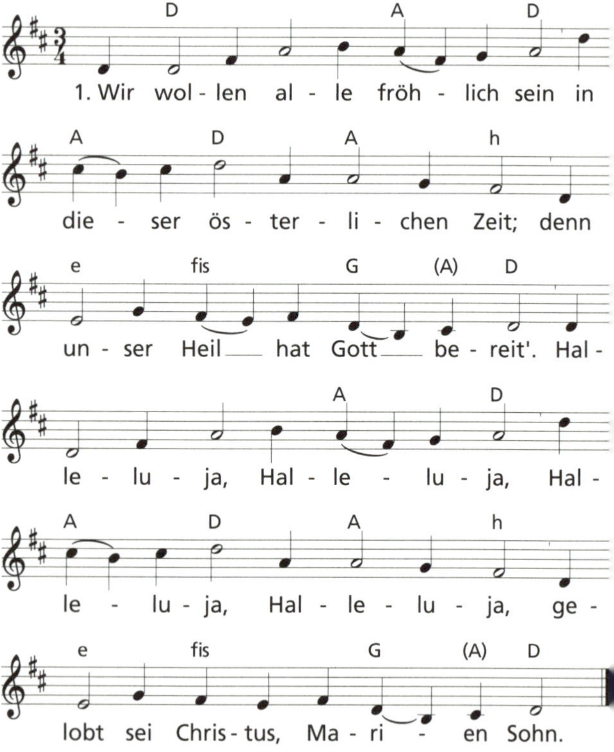
D A D
1. Wir wol - len al - le fröh - lich sein in
A D A h
die - ser ös - ter - li - chen Zeit; denn
e fis G (A) D
un - ser Heil hat Gott be - reit'. Hal -
A D
le - lu - ja, Hal - le - lu - ja, Hal -
A D A h
le - lu - ja, Hal - le - lu - ja, ge -
e fis G (A) D
lobt sei Chris - tus, Ma - ri - en Sohn.

2. Es ist erstanden Jesus Christ,
der an dem Kreuz gestorben ist,
dem sei Lob, Ehr zu aller Frist.
Halleluja, Halleluja, Halleluja, Halleluja,
gelobt sei Christus, Marien Sohn.

3. Des freu sich alle Christenheit
und lobe die Dreifaltigkeit von nun an bis in Ewigkeit.
Halleluja, Halleluja, Halleluja, Halleluja,
gelobt sei Christus, Marien Sohn.

Capo II, dann: C G C I G C G a I d e F(G) C I - G C I G C G a I
d e F (G) C II

T.: Strophe 1 Medingen um 1380; Strophen 2–5 bei Cyriakus Spangenberg 1568 nach
„Resurrexit Dominus" 14. Jh.; M.: Hohenfurt 1410, Böhmische Brüder 1544, Wittenberg

Wie das Ei zum Osterei wurde

Katharina war eine Königstochter in Ägypten, in der Stadt
Alexandria. Damals herrschte dort der Kaiser von Rom. Er
hieß Maxentius und war der mächtigste Mann der Welt. Eines
Tages besuchte er die Stadt Alexandria. Er ließ Katharina zu
sich kommen. Sie sollte ihm von Jesus erzählen, denn er hatte erfahren, dass sie eine Christin war. Katharina kannte viele
Jesusgeschichten. Der Kaiser hörte gespannt zu. Ihm gefiel,
was Jesus unter den Menschen getan hatte. Seine Ratgeber
wunderten sich darüber, denn der Kaiser hatte die Christen
verfolgt. Viele waren auf seinen Befehl getötet worden.
Katharina erzählte schließlich auch, dass Jesus von den Toten
auferstanden sei. Da lachte der Kaiser laut auf und rief: „Das
will ich dir nur glauben, wenn du aus einem Stein neues Leben
erwecken kannst." Katharina ging weg und kaufte von einem
Bauern ein beinahe ausgebrütetes Entenei. Damit ging sie am
nächsten Tag zum Kaiser. „Na, willst du es versuchen?", spot-
tete der. Sie hielt ihm das Ei entgegen. Die junge Ente riss einen
Spalt in die Schale. Geduldig schaute Maxentius zu, wie sich
das kleine Tier aus dem Ei befreite. Der Spott wich aus seinem
Gesicht.
„Scheinbar tot", sagte Katharina. „Scheinbar tot und doch
Leben." Es heißt, dass der Kaiser sehr nachdenklich geworden
sei. So ist das Ei zum Osterei geworden als Zeichen für das, was
kein Mensch begreifen kann. 115

66 Er ist erstanden, Halleluja

1. Er ist er - stan - den, Hal - le - lu - ja! Freut
Denn un - ser Hei - land hat tri - um - phiert, all

euch und sin - get, Hal - le - lu - ja!
sei - ne Feind ge - fan - gen er führt.

Lasst uns lob - sin - gen vor un - se - rem Gott, der uns er -

löst hat vom e - wi - gen Tod. Sünd ist ver - ge - ben

Hal - le - lu - ja! Je - sus bringt Le - ben, Hal - le - lu - ja!

2. Er war begraben drei Tage lang.
Ihm sei auf ewig Lob, Preis und Dank;
denn die Gewalt des Tods ist zerstört;
selig ist, wer zu Jesus gehört.
Lasst uns lobsingen vor unserem Gott,
der uns erlöst hat vom ewigen Tod.
Sünd ist vergeben, Halleluja!
Jesus bringt Leben, Halleluja!

3. Der Engel sagte: „Fürchtet euch nicht!
Ihr suchet Jesus, hier ist er nicht.
Sehet, das Grab ist leer, wo er lag:
er ist erstanden, wie er gesagt."
Lasst uns lobsingen vor unserem Gott,
der uns erlöst hat vom ewigen Tod.
Sünd ist vergeben, Halleluja!
Jesus bringt Leben, Halleluja!

4. „Geht und verkündigt, dass Jesus lebt,
darüber freu sich alles, was lebt.
Was Gott geboten, ist nun vollbracht:
Christ hat das Leben wiedergebracht."
Lasst uns lobsingen vor unserem Gott,
der uns erlöst hat vom ewigen Tod.
Sünd ist vergeben, Halleluja!
Jesus bringt Leben, Halleluja!

3. Er ist erstanden, hat uns befreit;
dafür sei Dank und Lob allezeit.
Uns kann nicht schaden Sünd oder Tod,
Christus versöhnt uns mit unserm Gott.
Lasst uns lobsingen vor unserem Gott,
der uns erlöst hat vom ewigen Tod.
Sünd ist vergeben, Halleluja!
Jesus bringt Leben, Halleluja!

oder Capo V, dann: ll: C G l C G (d) l a G l C :ll G (F) l C l G (d) l a G
l C G l C G (d) l a G l C ll

Melodie und Originaltext: Bernhard Kyamanywa,
Rechte: Rechtsnachfolge Bernhard Kyamanywa.
Dt. Text: Ulrich S. Leupold, Rechte: Lutherischer Weltbund, Genf

Halleluja

ist ein Ausruf der Freude in der hebräischen Sprache und heißt
„Lobet den Herrn!"

117

67 Das Leben wächst heimlich

Das Le - ben wächst heim - lich im Dun - keln
her - an, doch plötz - lich wird's sicht - bar, wir
stau - nen es an. 1. Das Kü - ken schlüpft aus
Der Win - ter - schlaf ist

sei - nem Ei, und al - le Knos - pen sprie - ßen.
jetzt vor - bei, denn grün sind schon die Wie - sen.

Die Pup - pe wird zum Schmet - ter - ling, die
jun - gen Läm - mer sprin - gen. Er - wach auch du! Komm
mit und sing und lass dein Lied er - klin - gen.

Der Stein ist fort, das Grab ist leer!
Hal - le - lu - ja, Hal - le - lu - ja!

g | d | A⁷ | C⁷

Der Tod ist tot! Das Le - ben hat
Der Herr ist auf - er - stan - den! Hal -

F | C | F | d

tri - um - phiert, denn Gott ist Herr. Das
le - lu - ja, Hal - le - lu - ja! Der

g | d | C | F

woll'n wir wei - ter - ge - ben.
Herr ist auf - er - stan - den!

2. Die Schnecke kriecht aus ihrem Haus,
der Storch kehrt heim vom Süden
und brütet seine Jungen aus.
Die Sonne weckt die Müden.
Wir atmen durch. Die Luft ist rein.
Wir können draußen toben
und uns des neuen Lebens freun
und Gott im Himmel loben.
Der Stein ist fort...

Zum Schluss alle:
Das Leben...

T. und M.: Andreas Ebert (CD)
Rechte: Claudius Verlag, München

68 Der Herr ist auferstanden

Der Herr ist auf-er-stan-den! Er

ist wahr-haf-tig auf-er-stan-den!

Hal-le-lu-ja, Hal-le-lu-ja.

Capo III, dann: ‖: D A :‖

T.: Osterruf der orthodoxen Kirche; Kanon für 2 Stimmen: Karl Marx 1947
Rechte: Bärenreiter Verlag, Kassel

Komm, Heiliger Geist!

ie Menschen um Jesus erlebten, dass er wirklich auferstanen war. Jesus sagte zu ihnen: „Mir ist alle Macht gegeben m Himmel und auf Erden. Darum geht in alle Welt und macht le Menschen zu meinen Jüngern. Tauft sie im Namen des aters, des Sohnes und des Heiligen Geistes. Und lehrt sie alles u halten, was ich euch aufgetragen habe. Und siehe, ich bin ei euch alle Tage bis an das Ende der Welt."

Während er seine Jünger segnete, wurde Jesus zu seinem Vater n den Himmel aufgenommen. (Matthäus 28,19+20)

69 Weißt du, wo der Himmel ist

1. Weißt du, wo der Himmel ist, ___ au-ßen o-der in-nen? Ei-ne Hand-breit rechts und links, du bist mit-ten-drin-nen, du bist mit-ten-drin-nen.

2. Weißt du, wo der Himmel ist?
Nicht so tief verborgen.
Einen Sprung aus dir heraus,
aus dem Haus der Sorgen,
aus dem Haus der Sorgen.

3. Weißt du, wo der Himmel ist?
Nicht so hoch da oben.
Sag doch ja zu dir und mir,
du bist aufgehoben,
du bist aufgehoben.

Capo III, dann: I D I G I A I D I
(D7) I G I A I D I e A I D II

T.: W. Willms; M.: L. Edelkötter;
aus: LP „Weißt du, wo der Himmel ist"
Rechte: KiMu Kinder Musik Verlag GmbH,
48417 Drensteinfurt

Komm, heiliger Geist **70**

Ref.: Komm, heil - ger Geist, mit dei - ner Kraft,

die uns ver - bin - det und Le - ben schafft.

1. Wie das Feu - er sich ver - brei - tet und die

Dun - kel - heit er - hellt, so soll uns dein Geist

er - grei - fen, um - ge - stal - ten uns - re Welt.

2. Wie der Sturm, so unaufhaltsam
dring in unser Leben ein.
Nur wenn wir uns nicht verschließen,
können wir deine Kirche sein.

3. Schenke uns von deiner Liebe,
die vertraut und die vergibt.
Alle sprechen eine Sprache,
wenn ein Mensch den andern liebt.

T: Klaus Okonek, Jo Raile; M.: aus Israel
Rechte: bei den Autoren

Der Himmel der Himmelfahrt

ist nicht der Himmel über uns, an dem wir die Wolken ziehe
sehen. Der Ort, an dem Gott wohnt, bleibt ein Geheimnis.
Kinder erzählen von ihren Vorstellungen:
„Dort ist es hell und warm und ganz schönes Licht."
„Es gibt schöne Musik."
„Keine Schmerzen und keine Tränen."
„Endlich kann man erfahren, wie Gott und Jesus aussehen."
„Im Himmel gibt es einen Raum, in dem alle Ängste einge
sperrt sind. Die können da nicht raus. Im Himmel braucht kei
ner Angst zu haben."

71 Gott baut ein Haus, das lebt

1. Gott baut ein Haus, das lebt, aus
lau-ter bun-ten Stei-nen, aus gro-ßen und au
klei-nen, eins, das le-ben-dig ist.

2. Gott baut ein Haus, das lebt,
wir selber sind die Steine,
sind große und auch kleine,
du, ich und jeder Christ.

Capo I, dann: E I H7 I E I - A I E I A H7 I E I - H7 I E II

T. und M.: Waltraud Osterlad
Rechte: bei der Autorin

Got-tes Geist kommt oft ganz lei - se: zart — und
sanft, — ein A - tem - hauch — doch er hat noch
ei - ne zwei - te Wei - se: heiß und stür - misch,
Dampf und Rauch! Gu - ter, gro - ßer
Geist — von o - ben: Komm in un - ser
Herz und komm in uns - re Mit - te auch!

oder Capo V: I: a l G l a (F) l E7 :l

. und M.: Andreas Ebert (CD)
echte: Claudius Verlag, München

JA!
JA!
JAAA!

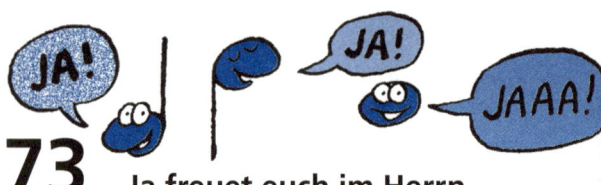

73 Ja freuet euch im Herrn

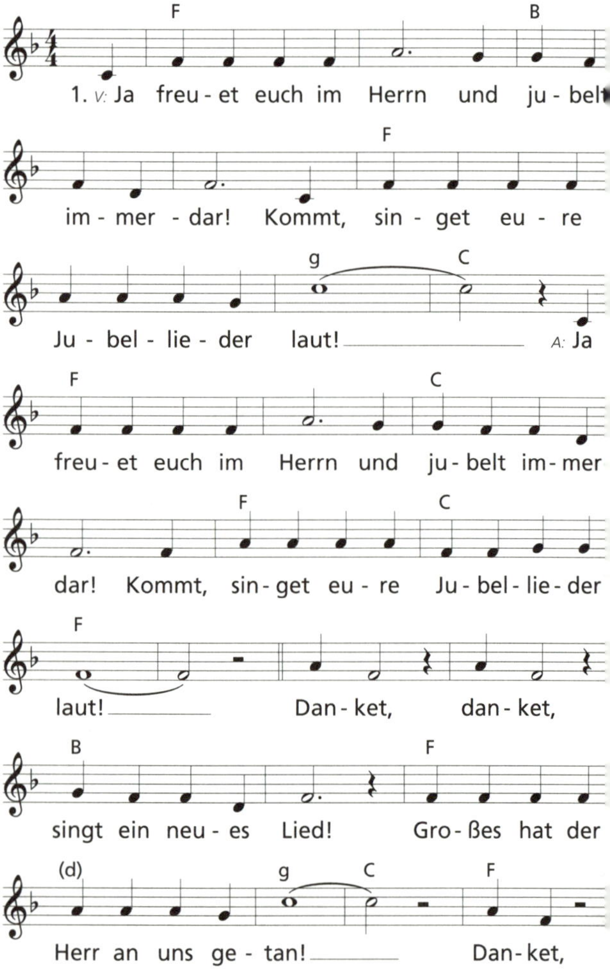
F B
1. V: Ja freu - et euch im Herrn und ju - belt
F
im - mer - dar! Kommt, sin - get eu - re
g C
Ju - bel - lie - der laut! A: Ja
F C
freu - et euch im Herrn und ju - belt im - mer
F C
dar! Kommt, sin - get eu - re Ju - bel - lie - der
F
laut! Dan - ket, dan - ket,
B F
singt ein neu - es Lied! Gro - ßes hat der
(d) g C F
Herr an uns ge - tan! Dan - ket,

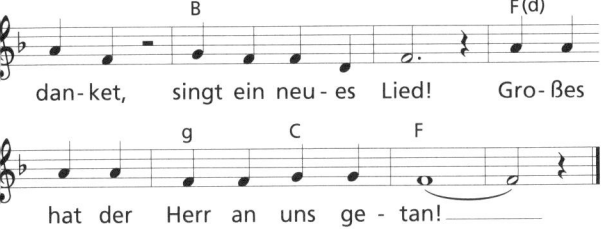

dan-ket,   singt ein neu-es Lied!   Gro-ßes

hat der   Herr an uns ge - tan!

2.
V: Ein wunderbarer Tag, den uns der Herr gemacht!
   Zu neuem Leben hat er uns geborn!
A: Ein wunderbarer Tag, den uns der Herr gemacht!
   Zu neuem Leben hat er uns geborn! Danket! ...

3.
V: Ein wunderbares Licht in unserer Seele glüht,
   umkleidet nun mit göttlich-schöner Pracht!
A: Ein wunderbares Licht in unserer Seele glüht,
   umkleidet nun mit göttlich-schöner Pracht! Danket! ...

4.
A: Dein Tod hat uns erlöst von aller Angst und Schuld,
   und auferstehen dürfen wir mit dir.
V: Dein Tod hat uns erlöst von aller Angst und Schuld,
   und auferstehen dürfen wir mit dir. Danket! ...

5.
A: Mit deinem Geist, o Herr, hast du uns reich bedacht,
   und trunken werden wir in seinem Strahl!
V: Mit deinem Geist, o Herr, hast du uns reich bedacht,
   und trunken werden wir in seinem Strahl! Danket! ...

6.
A: Ja, würdig bist du, Herr, zu hören unser Lob!
   Und alle Wesen preisen dich mit Macht!
V: Ja, würdig bist du, Herr, zu hören unser Lob!
   Und alle Wesen preisen dich mit Macht! Danket! ...

Capo III, dann: - l D l - l G l - l D l - l e l A l D l - l G l - l D l A l D l - ll
  F l - l B l - l F l (d) l g l C l F l - l B l - l F (d) l g l C l F ll

T.: Johann Koller, M.: Spiritual
Rechte: Rechtsnachfolge Johan Koller, A-Wien

74 Zu Ostern in Jerusalem

1. Zu Ostern in Jerusalem, da ist etwas geschehn, das ist noch heute wunderbar, nicht jeder kann's verstehn. Hört, hört, hört, hört, nicht jeder kann's verstehn. Hört, hört, hört, hört, nicht jeder kann's verstehn.

2. Zu Pfingsten in Jerusalem,
da ist etwas geschehn.
Die Jünger reden ohne Angst,
und jeder kann's verstehn.
Hört, hört, hört, und jeder kann's verstehn.

3. Zu jeder Zeit in jedem Land
kann plötzlich was geschehn.
Die Menschen hören, was Gott will,
und können sich verstehn.
Hört, hört, hört,
und können sich verstehn.

T.: Armin Juhre; M.: Karl Wolfgang Wiesenthal
Rechte: Rechtsnachfolge Armin Juhre, Rechtsnachfolge Karl-Wolfgang Wiesenthal

Das Wort „Pfingsten"

Das Fest der „Ausgießung des Heiligen Geistes" feiern wir 50 Tage nach Ostersonntag. Pfingsten kommt vom griechischen Wort „Pentekostä" und heißt „der fünfzigste"(Tag).

Mutter Geist

75

1. Mut-ter Geist mit dei-ner gu-ten Hand,

Mut-ter Geist, halt mich fest.

Mut-ter Geist mit dei-ner gu-ten Hand,

Mut-ter Geist, halt mich fest.

2. Schwester Geist
mit deiner Fröhlichkeit,
Schwester Geist,
mach mich stark.

3. Freundin Geist
mit deiner Zärtlichkeit,
Freundin Geist,
hüll mich ein.

T.: Sybille Fritsch; M.: Peter Janssens; aus: Und der Brunnen ist tief, 1987
Rechte: Peter Janssens Musik Verlag, Telgte

76 Ich seh eine Kirche

1. Ich seh ei-ne Kir-che, die uns zur Ar-mut mahnt, ei-nen Bi-schof, der die Sat-ten vor Hab-gier warnt. Ich seh die Ge-mein-de, die mit den Ar-men lebt, ei-nen Pries-ter, der den Hung-ri-gen zu es-sen gibt.

2. Ich seh die Gesellschaft, die alle Güter teilt,
einen Menschen, der die Wunden der Kranken heilt.
Ich seh einen Staatsmann, der endlich Frieden wagt,
einen Fürsten, der die Waffen zum Teufel jagt.

3. Ich seh eine Kirche, die uns zur Armut mahnt,
einen Bischof, der die Satten vor Habgier warnt.
Ich seh neue Dörfer, die keine Gräben ziehn,
neue Menschen, die den Nachbarn entgegengehn.

T.: Hermann Schulze-Berndt; M.: Peter Janssens; aus: „Elisabeth von Thüringen", 1985
Rechte: Peter Janssens Musik Verlag, Telgte

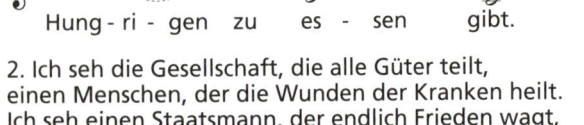

Pfingsten

Nachdem Jesus zu seinem Vater in den Himmel aufgenommen wurde, feierten die Juden das Erntedankfest. Die Jünger waren in einem Haus in Jerusalem. Plötzlich wurde das ganze Haus von einem Brausen ausgefüllt. Es klang wie ein gewaltiger Wind. Und es wurde so hell, als würde alles von einem großen Feuerschein erleuchtet. Es sah so aus, als ob dieses Licht in einzelnen Flammen züngelte und sich auf den Köpfen der Jünger niederließ. Viele Menschen strömten zusammen. Es waren Juden aus vielen Teilen der Welt dabei, die in Jerusalem das Erntedankfest feiern wollten. Sie staunten, dass sie die Jünger in ihrer jeweiligen Heimatsprache reden hörten. Jesus hatte den Jüngern den Heiligen Geist geschickt, damit sie begeistert waren vom Glauben, Mut bekamen und sich mit allen Menschen verständigen konnten.

Pfingstfeuer

Das Feuer ist ein anderes Bild für die Wirkung des Heiligen Geistes. Du kennst die Ausdrücke „glühende Liebe" oder „Feuer und Flamme für eine Sache sein". So begeistert wollen Christen weitertragen, was sie von Jesus erfahren haben. 131

Das Leben der ersten Christen

Der Heilige Geist schenkte den ersten Christen neue Ideen für das Zusammenleben: Sie teilen ihren Besitz und ihr Essen. Sie sorgen für die Armen und feiern gemeinsam Abendmahl. Sie erzählen von Gott und Jesus und laden andere ein, auch Christen zu werden. Deshalb wird Pfingsten auch „Geburtstag der Kirche" genannt.

77 Wir sind die Kleinen in den Gemeinden

1. Wir sind die Klei-nen in den Ge-mein-den, doch oh-ne uns geht gar nichts, oh-ne uns geht's schief. Wir sind das Salz in der Sup-pe der Ge-mein-de. E-gal, was and-re mei-nen, wir ma-chen mit.

2. Wir sind die Kleinen in den Gemeinden,
doch ohne uns geht gar nichts, ohne uns geht's schief.
Wir sind das Licht in der Nacht der Gemeinde,
egal, was andre meinen, wir machen mit.

3. Wir sind die Kleinen in den Gemeinden,
doch ohne uns geht gar nichts, ohne uns geht's schief.
Wir sind die Hefe im Teig der Gemeinde,
egal, was andre meinen, wir machen mit.

4. Wir sind die Kleinen in den Gemeinden,
doch ohne uns geht gar nichts, ohne uns geht's schief.
Wir sind der Schatz im Acker der Gemeinde,
egal, was andre meinen, wir machen mit.

5. Wir sind die Kleinen in den Gemeinden,
doch ohne uns geht gar nichts, ohne uns geht's schief.
Wir sind die Kinder im Leben der Gemeinde,
egal, was andre meinen, wir machen mit.

T.: Jürgen Fliege, Dietmar Fissel; M.: Holger Clausen (CD)
aus: „Wie der Angst die Luft ausgeht" 1981
Rechte: tvd-Verlag, Düsseldorf

Trinitatis

ist lateinisch und heißt „Dreieinigkeit". Wir glauben an einen
einzigen Gott. Doch dieser eine Gott kommt auf drei verschiedene Weisen zu uns: Als Gott, der Vater und Schöpfer, hat
er die Welt gemacht. Seine Schöpfung hat vor langer, langer
Zeit angefangen und geht ständig weiter. In jedem Augenblick
schafft Gott etwas Neues. Dabei wiederholt er sich nie. Jedes
Blatt, jedes Tier, jeder Planet, jeder Mensch ist so einmalig,
wie Gott einmalig ist. Dich gibt es kein zweites Mal. Deshalb
bist du so wichtig, als ob du der einzige Mensch auf der Welt
wärst. Und jeder andere Mensch ist genauso wichtig wie du. 133

Als Gott, der Sohn, war Jesus Christus vor 2000 Jahren auf der Erde. Er ist ein Mensch gewesen wie du und ich. Er hat Hunger und Durst gehabt. Er hat gelacht und geweint. Am Ende wurde er getötet, weil die Menschen seine Güte und Liebe nicht ausgehalten haben. Aber seine Liebe ist so groß, dass er sogar denen verziehen hat, die ihm das angetan haben. Er wollte uns zeigen, dass Gott niemanden von uns aufgibt. Wir können immer zu Gott kommen, so wie wir sind. Und er nimmt uns in die Arme, und alles ist gut.

Nach der Himmelfahrt hat Gott den Jüngern den Heiligen Geist geschickt. Gott selbst ist auf eine neue Weise bei ihnen gewesen: unsichtbar, aber spürbar. Die Jünger haben gespürt: Jesus ist jetzt in uns und zwischen uns. Wir haben eine Kraft, die größer ist als wir selber. Diese Kraft ist Gott selber, der Heilige Geist.

Um uns an die drei Gesichter Gottes zu erinnern, beginnen wir jeden Gottesdienst „im Namen des Vaters und des Sohnes und des Heiligen Geistes".

78 Alle Knospen springen auf

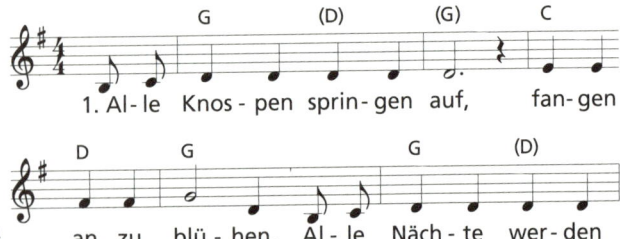

1. Al-le Knos-pen sprin-gen auf, fan-gen an zu blü-hen. Al-le Näch-te wer-den

hell, fan-gen an zu glü-hen. Knos-pen
blü - - - hen, Näch-te glü - - -
hen, Knos-pen blü - - - hen, Näch-te
glü - - - hen.

2. Alle Menschen auf der Welt fangen an zu teilen.
Alle Wunden auf der Welt fangen an zu heilen.
Menschen teilen, Wunden heilen,
Knospen blühen, Nächte glühen.

3. Alle Augen springen auf, fangen an zu sehen.
Alle Lahmen stehen auf, fangen an zu gehen.
Augen sehen, Lahme gehen,
Menschen teilen, Wunden heilen,
Knospen blühen, Nächte glühen.

4. Alle Stummen hier und da fangen an zu grüßen.
Alle Mauern tot und hart werden weich und fließen.
Stumme grüßen, Mauern fließen,
Augen sehen, Lahme gehen,
Menschen teilen, Wunden heilen,
Knospen blühen, Nächte glühen.

T.: Wilhelm Willms; M.: Ludger Edelkötter
Rechte: KiMu Kinder Musik Verlag GmbH,
48417 Drensteinfurt

Gebet zu den Sommerferien

Schütze alle, die wir lieben, auf ihrer Reise.
Lass sie auf ihren Wegen deine Liebe spüren,
und bringe sie sicher zu uns nach Hause zurück.
In Jesu Namen. Amen.

79   Kennst du das auch

1. Kennst du das auch, dass dei-ne Zeit
manch-mal kriecht wie ei-ne Schne-cke?
Wenn an Hei-lig-a-bend ich aufs Christ-kind wart',
dann ver-geht die Zeit nicht, und das ist sehr
hart. Kennst du das auch, dass dei-ne Zeit
manch-mal kriecht wie ei-ne Schne-cke?

2. Kennst du das auch, dass deine Zeit
manchmal springt wie ein Hase?
Wenn am Sonntag wir dann in den Tierpark gehn,
kann ich alle Tiere nie auf einmal sehn.
Kennst du das auch, dass deine Zeit
manchmal springt wie ein Hase?

3. Kennst du das auch, dass deine Zeit
manchmal rumhängt wie ein Faultier?
Lange Fahrt im Auto ist doch kein Genuss,
weil ich dabei ewig stillesitzen muss.
Kennst du das auch, dass deine Zeit
manchmal rumhängt wie ein Faultier?

4. Kennst du das auch, dass deine Zeit
manchmal trottet wie ein Esel?
Wenn es viele Tage nur in Strömen gießt,
geht die Zeit sehr langsam, weil das öde ist.
Kennst du das auch, dass deine Zeit
manchmal trottet wie ein Esel?

5. Kennst du das auch, dass deine Zeit
manchmal schläft wie ein Murmeltier?
Lieg ich im Bett mit Fieber, Husten plagt mich sehr,
wünsch nur, dass gesund ich endlich wieder wär.
Kennst du das auch, dass deine Zeit
manchmal schläft wie ein Murmeltier?

6. Kennst du das auch, dass deine Zeit
manchmal rast wie ein Wildpferd?
Haben dann im Urlaub endlich alle frei,
geht die Zeit zum Spielen viel zu schnell vorbei.
Kennst du das auch, dass deine Zeit
manchmal rast wie ein Wildpferd?

7. Kennst du das auch, dass deine Zeit
manchmal schwebt wie ein Vogel?
Denk ich an was Schönes, träume vor mich hin,
schweben die Gedanken, weiß nicht, wo ich bin.
Kennst du das auch, dass deine Zeit
manchmal schwebt wie ein Vogel?

Capo II, dann: C l a l d G l C G :ll d G l C F l d E l a7 D l G (G7) l
C l a l d G l C ll

T. und M.: Andreas Hantke; aus: „DUWIEDAVID" (CD)
Rechte: Strube Verlag GmbH, München

80 Meine Zeit zum Träumen und Schauen

1. Mei-ne Zeit zum Träu-men und Schau-en, mei-ne Zeit zum Spie-len und Bau-en, mei-ne Ta-ge, mei-ne Stun-den, Mi-nu-ten und Se-kun-den, mei-ne Zeit – ein Stück-chen E-wig-keit.

2. Meine Zeit zum Hören und Reden,
meine Zeit zum Singen und Beten,
meine Tage, meine Stunden,
Minuten und Sekunden,
meine Zeit – ein Stückchen Ewigkeit.

3. Meine Zeit, Beginnen und Enden,
meine Zeit in Gottes Händen,
meine Tage, meine Stunden,
Minuten und Sekunden,
meine Zeit – ein Stückchen Ewigkeit.

Capo II, dann: - I G I D I e I C A7 I D I G I D I e I C A7 I D II

T. und M.: Bernd Schlaudt
Rechte: beim Autor

Der Herbst

Der Herbst ist eine bunte Jahreszeit. Die Blätter der Bäume und Büsche verfärben sich in vielen Farben und verlieren ihr Laub. Die Pflanzen ziehen ihre Säfte in den Boden zurück. Viele Früchte sind reif geworden. Die Menschen freuen sich über die Ernte und sind dankbar für die Nahrung. Die Kinder genießen die letzten warmen Tage. Doch sie lieben auch den Wind, der sie durchpustet und die Drachen in die Höhe jagt.

Herbstgebet

Gott, der Herbstwind bläst durch die Bäume.
Viele bunte Blätter fallen zur Erde.
Auf den Feldern und in den Gärten ist alles geerntet.
Die verwelkten Pflanzen
und die letzten Früchte fallen auf die Erde.
Sie verfaulen und sterben.
Sie vermodern und werden wieder zu Erde,
aus der im Frühling neue Pflanzen wachsen können.
Gott, wie wunderbar hast du die Erde geschaffen,
auf der sich alles verwandelt.
Leben vergeht, und neues Leben entsteht.
Ich danke dir, dass ich leben und wachsen kann.
Gott, wenn ich auch einmal sterbe, verwandle mich,
damit ich lebe. Amen.

81 Blätter, wenn sie gelb geworden

1. Blät - ter, wenn sie gelb ge - wor - den,
fal - len hin zur Er - den.
Was ins Licht, ins Le - ben fällt,
das wird nicht ver - der - ben.

2. Alles, was geworden ist, wird einmal vergehen.
Was in Gottes Liebe fällt, das wird neu entstehen.

Capo III, dann: D A I D I - I A D I - I A(G) D I - A I D II

T. und M.: Franz Kett
Rechte: Religionspädagogische Arbeitshilfen GmbH, Landshut

Wo sind die Toten?

Der letzte Sonntag im Kreislauf des Kirchenjahres heißt „Ewig-keitssonntag". Es ist der Sonntag vor dem ersten Advent. Er liegt immer im späten November.

Die Bäume sind schon ganz kahl. Oft regnet es, und der Himmel ist grau. Der Spätherbst mit seiner Stimmung erinnert viele Menschen an den Tod. Deshalb nennen manche diesen Sonntag auch „Totensonntag". Viele besuchen die Gräber und erinnern sich an Freunde und Verwandte, die gestorben sind. Manche zünden ein Licht auf dem Grab an oder legen frische Blumen darauf. Das sind Zeichen, dass die Toten nicht verges-sen sind. Im Gottesdienst werden manchmal die Namen von allen Leuten aus der Gemeinde vorgelesen, die im vergange-nen Jahr beerdigt worden sind.

Auch Gott hat die Toten nicht vergessen. Im Psalm 139 heißt es: „Würde ich in den Himmel fahren, so bist du da. Würde ich mich bei den Toten betten, so bist du auch da."

Jesus hat das Sterben verglichen mit einem Weizenkorn, das in die Erde fällt. Wenn es in die dunkle Erde fällt und darin verschwindet, wird es ein schöner großer Halm und bringt viel Frucht. So muss auch jeder Mensch sterben. Doch auf ei-ne ganz andere, schöne Art wird neues Leben daraus erwach-sen.

Auch Jesus musste sterben. Er ist aber am Ostermorgen vom Tod auferstanden. Deshalb glauben wir Christen, dass Gott mächtiger ist als der Tod. Der Apostel Paulus schreibt: „Der letzte Feind, der vernichtet wird, ist der Tod." (1. Korinther 15,26)

Im letzten Buch der Bibel gibt es den großen Traum des Sehers Johannes über die Zukunft der Welt: „Und ich sah einen neuen Himmel und eine neue Erde; denn der erste Himmel und die erste Erde sind vergangen. Gott selbst wird bei den Menschen wohnen. Und Gott wird abwischen alle Tränen von ihren Au-gen, und der Tod wird nicht mehr sein. Und Leid und Geschrei und Schmerz wird nicht mehr sein. Denn es wird alles neu." (Offenbarung 21)

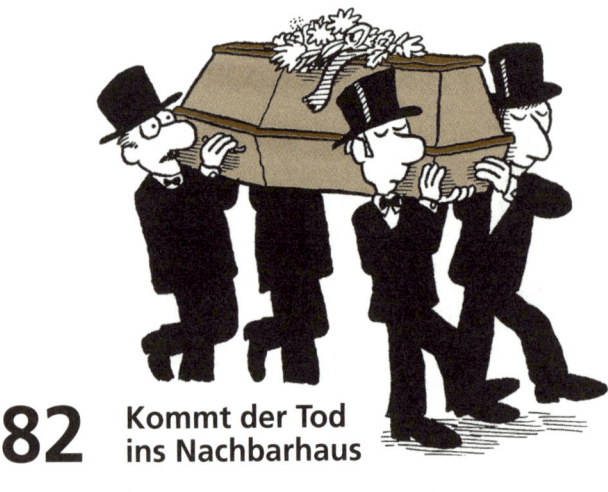

82 Kommt der Tod ins Nachbarhaus

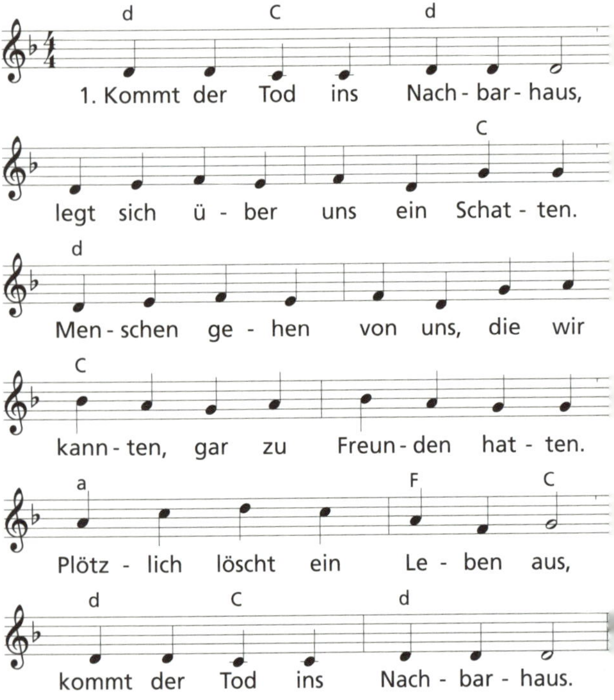
d C d
1. Kommt der Tod ins Nach - bar - haus,
C
legt sich ü - ber uns ein Schat - ten.
d
Men - schen ge - hen von uns, die wir
C
kann - ten, gar zu Freun - den hat - ten.
a F C
Plötz - lich löscht ein Le - ben aus,
d C d
kommt der Tod ins Nach - bar - haus.

2. Kommt der Tod ins Nachbarhaus. –
Gestern konnten wir noch lachen.
Heute ist das Spiel verstummt.
Man kann nicht einfach weitermachen.
Um uns Trauer, Angst und Graus,
kommt der Tod ins Nachbarhaus.

3. Kommt der Tod ins Nachbarhaus,
schweigen wir und sind betroffen.
Denn was können Worte sagen?
Worauf soll der Mensch noch hoffen?
Einen Sarg trägt man hinaus,
kommt der Tod ins Nachbarhaus.

4. Kommt der Tod ins Nachbarhaus,
hält doch Gott an allen Enden,
ob wir leben oder sterben,
unser Schicksal in den Händen:
Und da lässt Gott keinen aus. –
Kommt der Tod ins Nachbarhaus.

T. und M.: Martin Gotthard Schneider
Rechte: Rechtsnachfolge M. G. Schneider

Wie durch eine Tür

Lieber Vater und Gott,
wenn der Tod kommt,
gehen wir Menschen wie durch eine Tür.
Sie führt vom Leben in den Tod.
Und wieder vom Tod ins Leben. Sie führt zu dir.
Lieber Gott, du öffnest uns deine Tür.
Bei dir sein – auch nach dem Tod –, das ist gut.
Gebet einer Fünftklässlerin

Gott ist so mächtig und so lieb,

dass er die Toten in sein Reich lässt.
Dort gibt es keinen Streit, Krieg oder Neid.
Man lacht und freut sich über das Gute
oder weint über das Böse auf der Welt.
Gott, du machst alles möglich,
das Lachen und das Weinen.
Stefan, 10 Jahre

83 Wo sind die Toten?

1. Wo sind die To - ten? Wo sind die To-ten?
So ha - ben wir al - le ge - fragt. Ü - ber-all
wird so ge - klagt: Wo sind die To - ten?

2. Wo sind die Toten? Wo sind die Toten?
In Grab und Dunkel gelegt,
wo sich kein Leben mehr regt,
dort sind die Toten.

3. Wo sind die Toten? Wo sind die Toten?
Weil Jesus vom Tod auferstand,
sind sie in Gottes Hand.
Dort sind die Toten.

T. und M.: Kurt Rommel
Rechte: Strube Verlag GmbH,
München

Erinnerungsfeier am Ewigkeitssonntag

Falls in deiner Familie oder im Freundeskreis jemand gestorben ist, an den ihr oft noch denkt, könnt ihr am Ewigkeitssonntag eine kleine Erinnerungsfeier machen.

1. Setzt euch zusammen und betrachtet ein Bild von dem verstorbenen Menschen. Ihr könnt einen Moment die Augen schließen und überlegen: Woran kann ich mich noch besonders gut erinnern? Was war so wichtig und einzigartig an diesem Menschen? Tauscht eure Gedanken aus.

2. Überlegt, was ihr als Zeichen der Erinnerung ans Grab mitbringen wollt. (Eine Blume, einen herbstlichen Zweig aus dem Garten, einen besonderen Stein, ein Schneckenhaus oder etwas anderes. Vielleicht einigt ihr euch in der Familie auf ein gemeinsames Erinnerungszeichen? Oder jeder etwas eigenes?)

3. Besucht gemeinsam den Friedhof und geht zum Grab. Zündet dort eine Kerze an und legt euer Erinnerungszeichen nieder. Wenn das Grab zu weit weg ist, könnt ihr auch ein Foto des verstorbenen Menschen aufstellen und eine Kerze daneben anzünden.

4. Bittet Gott in einem Gebet, bei dem bzw. der Verstorbenen zu sein. Vielleicht mit eigenen Worten, oder so:

Lieber Gott,

(Name) ist nicht mehr bei uns. Er/sie hat sterben müssen. Wir verstehen nicht, warum. Die Erinnerung tut uns weh, aber es ist trotzdem auch wie ein Schatz, dass wir diesen Menschen gekannt haben.

Wir bitten dich, Gott: Sei du auch jetzt im Tod bei (Name). Lass ihn/sie geborgen sein bei dir wie in einer schönen Heimat. Du bist bei uns im Leben und im Sterben. Danke, guter Gott.

Danach fasst euch an den Händen und sprecht gemeinsam das „Vaterunser".

5. Vielleicht habt ihr Lust, danach noch etwas Schönes miteinander zu unternehmen: ein Museumsbesuch, gemeinsam etwas spielen oder gar schon die ersten Weihnachtsplätzchen miteinander backen? Das ist ein Zeichen dafür, dass trotz des Todes das Leben weitergeht und wir es genießen wie ein Geschenk.

Am Grab

Guter Herr Jesus, du hast geweint,
als dein Freund Lazarus starb,
deshalb kannst du verstehen, was wir heute empfinden.
Tröste uns, da wir traurig sind und alleine ohne den,
den wir so sehr geliebt haben.
Hilf uns, darüber froh zu sein,
dass unser Freund jetzt bei dir glücklich ist
und frei von Trauer und Schmerz.
Wir wollen dir vertrauen und dich lieben
und eines Tages auch für immer bei dir sein.

84   Ich weiß eine Stadt

1. Ich weiß ei - ne Stadt, und die wird

ein - mal sein. Wir ste - hen da - vor und wir

ge - hen hi - nein. In der Stadt dort weint nicht ein

ein - zi - ges Kind, weil die Men - schen gut zu - ei -

nan - der sind in der Stadt, in der Stadt.

Ich weiß ei - ne schö - ne Stadt.

2. Ich weiß eine Stadt ohne Lärm und Gestank.
Man braucht kein Benzin und kein Geld auf der Bank.
In der Stadt dort gibt's keine Angst, keinen Streit.
Und der Große hat für den Kleinen Zeit in der Stadt...

3. Ich weiß eine Stadt, in der lebt jeder frei.
Kein Schloss vor der Tür, keine Stadtpolizei.
In der Stadt dort vertraut jedermann jedermann.
Und der Starke nimmt sich des Schwachen an in der Stadt...

4. Ich weiß eine Stadt, komm und schau sie dir an.
Kein Kraftwerk gibt's dort, keine Stadtautobahn.
In der Stadt dort lebt jeder froh wie ein Kind,
weil wir alle bei unserm Vater sind in der Stadt...

Capo III, dann:
D I G D I A I - I D(fis) G(h) I e A I D A I D A I G I D I A I D II

T.: Rolf Krenzer; M.: Peter Janssens; aus: Josef zwischen Wohlstaat und Armewelt, 1980
Rechte: Peter Janssens Musik Verlag, Telgte

Zum Ewigkeitssonntag

Lieber Gott, du sorgst für uns, wenn wir leben.
Du sorgst für uns auch, wenn wir sterben. Amen.
Pamela und Anna, 5. Klasse

Wenn wir tot sind,

können wir nicht mehr stehen.
Wir können die Blumen nicht mehr sehen,
die Hand der Mutter nicht mehr fassen.
Oh Gott, du wirst uns nicht verlassen!

Wir sind in einer neuen Welt,
Gott macht, dass es uns dort gefällt.
Wir wissen nicht, wie wir dort sind.
Gott aber sagt: „Du bleibst mein Kind."

Wir denken nicht so gern ans Sterben,
wir möchten nicht ganz anders werden.
Oh Gott, du willst die Hand uns geben
in diesem und im andern Leben!

Mein Tier ist tot

Ich hatte es so lieb.
Es ist mein Freund gewesen.
Wenn ich Sorgen hatte und einsam war,
habe ich bei ihm Trost gefunden.
Es war so weich und warm.
Nun kann ich es nie wieder streicheln und mit ihm spielen.
Mein Herz ist so schwer,
als wenn ein Stein auf meiner Brust liegt.
Und meine Traurigkeit ist wie ein großer See.
Gott, du verstehst, dass ich jetzt traurig bin,
denn du hast die Tiere entstehen lassen.
Du kennst mich und hast alles lieb, was du gemacht hast.
Schick mir bitte Freunde, die mit mir traurig sind und mich

verstehen.

Der tote Vogel

Ich habe heute einen Vogel gesehen.
Nein, keinen lebendigen.
Er ist nicht mehr herumgeflogen.
Er hat nicht mehr gesungen.
Tot war er und lag in einem Rinnstein, ganz staubig.
Schon sind die Ameisen gekommen,
sonst hat ihn niemand beachtet.
Er hat mir so leid getan.
Deshalb bete ich zu dir:
Lieber Gott,
vergiss ihn nicht, den kleinen Vogel,
und nimm ihn auch in deinen Himmel!
Amen.

149

85 Ja, wenn der Herr einst wiederkommt

Ja, wenn der Herr einst wie-der-
Oh, when the Saints go mar-ching

kommt, ja, wenn der Herr einst wie-der-
in, oh, when the Saints go mar-ching

kommt, ja dann lass mich auch da -
in: then, Lord, let me be in that

bei - sein, wenn der Herr einst wie-der-
num - ber, when the Saints go mar - ching

kommt!
in!

2. Und wenn die Heilgen auferstehn ...

3. Und wenn sie stehn um deinen Thron ...

4. Und wenn das Buch geöffnet wird ...

5. Und wenn man singt: Halleluja ...

6. Und wenn die Welt wird wieder neu ...

7. Und wenn das Lamm zur Hochzeit kommt ...

150 8. Und wenn du uns beim Namen rufst ...

2. And when the stars begin to fall ...

3. When Gabriel blows in his horn ...

4. And when the sun refused to shine ...

5. And when the moon has turned to blood ...

6. And when they gather round the throne ...

7. And when they crown Him King of Kings ...

8. And on that Halleluja-day ...

Capo II, dann: - I C I - I e a I d G I C (G) I F (f) I C G I C II

OT: aus den USA, dt. T.: Lutz Hoffmann, Franz Mausberg, Karl Norres, Leo Schuhen
Originaltitel: Oh When The Saints Go Marching In
Rechte: Edition Werry, Mühlheim/Ruhr

86 Sankt Martin
ritt durch Schnee und Wind

1. Sankt Mar - tin, Sankt Mar - tin, Sankt Mar - tin ritt durch Schnee und Wind, sein Ross, das trug ihn fort ge - schwind. Sankt Mar - tin ritt mit leich - tem Mut, sein Man - tel deckt ihn warm und gut.

2. Im Schnee saß, im Schnee saß,
im Schnee, da saß ein armer Mann,
hatt' Kleider nicht, hatt' Lumpen an.
„O helft mir doch in meiner Not,
sonst ist der bittre Frost mein Tod!"

3. Sankt Martin, Sankt Martin,
Sankt Martin zieht die Zügel an,
das Ross steht still beim armen Mann.
Sankt Martin mit dem Schwerte teilt
den warmen Mantel unverweilt.

. Sankt Martin, Sankt Martin,
ankt Martin gibt den halben still,
er Bettler rasch ihm danken will.
ankt Martin aber ritt' in Eil
inweg mit seinem Mantelteil.

apo III, dann: D I - I - G I D I e A I D I - I e A I D(fis) G I A D II

olkslied aus dem Rheinland

Ein Bettler saß im kalten Schnee **87**

1. Ein Bett-ler saß im kal-ten Schnee,
dem tat das al - te Herz so weh. Sankt
Mar - tin, der vo - rü - ber - ritt, gab
ihm den hal - ben Man - tel mit.

. Da dankte still der arme Mann
und sah ihn voller Freude an.
ankt Martin zog des Weges fort,
und bald erfuhr er Gottes Wort.

. Geschrieben steht: „Seid allen gut,
enn was ihr dem Geringsten tut,
das habt ihr mir, dem Herrn, geschenkt!"
Wohl dem, der wie Sankt Martin denkt!

: Jakob Holl; M.: Adolf Lohmann
echte: Verlag Herder, Freiburg

Wie schön, dass du geboren bist!

Als unser Leben angefangen hat, waren wir sehr klein: Ei
winziges Ei im Körper unserer Mutter und ein winziger Sam
unseres Vaters haben sich vereinigt. In diesem kleinen Gebi
de war schon alles gespeichert: Welche Haarfarbe wir haben
wie unser Körper aussieht, ob wir ein Junge oder ein Mädche
sind. Das ist ein großes Wunder. Kein Mensch kann so etwa
Kunstvolles machen oder nachmachen. Gott selbst hat diese
Wunder bewirkt.

Neun Monate sind wir behütet und beschützt im Mutterlei
herangewachsen und dann als Baby auf die Welt gekommen
Durch den engen Geburtskanal muss sich der kleine Mensc
durcharbeiten, um das Licht der Welt zu erblicken. Wir erin
nern uns jedes Jahr an den schweren und schönen Augenblick
an dem wir zur Welt gekommen sind, und feiern Geburtstag
Wir freuen uns, dass es uns gibt – und andere freuen sich mi

88 Jedes Hälmchen wird zur Blume

C	F	G⁷	C

1. Je - des Hälm - chen wird zur Blu - me,

	F	G⁷	C	F

braucht doch Sonn und Was - ser bloß, so wer

ich auch im - mer grö - ßer, bleib ich, Gott,

in dei - nem Schoß, denn dann wachs ich,

wachs ich, wachs ich, wachs ich rie - sen -

groß; denn dann wachs ich, wachs ich,

wachs ich, wachs ich rie - sen - groß.

2. Jedes Fohlen wird zum Pferde,
braucht doch seine Mutter bloß,
auch wenn ich jetzt größer werde,
bleib ich, Gott, in deinem Schoß,
denn dann wachs ich, wachs ich, wachs ich,
wachs ich riesengroß,
denn dann wachs ich, wachs ich, wachs ich,
wachs ich riesengroß.

3. Jedes Kind braucht seine Mutter,
doch auch Gott lässt mich nicht los,
ich weiß, alles ist in Butter,
bleib ich, Gott, in deinem Schoß,
denn dann wachs ich, wachs ich, wachs ich,
wachs ich riesengroß
denn dann wachs ich, wachs ich, wachs ich,
wachs ich riesengroß.

T. und M.: Andreas Hantke
aus: „DUWIEDAVID" (CD)
Rechte: Strube Verlag GmbH, München

155

89 Ich war da bei deinem ersten Schrei

1. Ich war da bei dei-nem ers-ten Schrei

werd es sein, wenn alt du bist. Froh sah

ich bei dei-ner Tau-fe all das er-blühn, was

(Schluss)

in dir ist. Ich war da, als du ein Kind noch

warst, vol-ler Glau-be und Ver-traun.

Doch dann lock-te dich das grel-le

Licht, das Dunk-le und das Graun.

2. Wie ein Wunder traf mein Wort dein Ohr,
und ich zog dich her zu mir.
Und du hörtest. Mir gehörst du jetzt –
und ich gehöre dir.
Wenn du jemand findest, der sein Herz,
Haut und Haar, sich selbst dir schenkt,
will durch dick und dünn ich mit euch gehn
und der sein, der euch lenkt.

3. Wenn dein Leben halb vorüber ist
und die Straße führt bergab,
bin ich da, vollende, was mit dir
ich angefangen hab.
Wenn der Lebensabend kommt und du
deine Augen müde schließt,
werd ich um dich sein wie eh und je,
bis du mich selber siehst.

4. Ich war da bei deinem ersten Schrei,
werd es sein, wenn alt du bist.
Froh sah ich bei deiner Taufe all
das erblühn, was in dir ist.

T.: Andreas Ebert; M.: John Ylvisaker
Rechte: Claudius Verlag, München

90 Zwei Menschen haben Ja gesagt

1. Zwei Men - schen ha - ben "Ja" ge - sagt zur Lie - be und zum Le - ben. Dies Ja - Wort ha - ben sie ge - wagt dir, klei - ner Mensch, zu ge - ben.

2. Du hast das Licht der Welt erblickt –
noch weißt du nichts vom Dunkel,
das dich und alle Welt bedrückt
trotz glänzendem Gefunkel.

3. Noch weißt du nichts von Schuld und Tod.
Doch langsam, mit den Jahren
erahnst auch du die große Not –
kein Mensch kann dich bewahren.

4. Ein andres Ja, du Menschenkind,
das muss auch dann noch walten,
wenn deine Eltern nicht mehr sind,
um deine Hand zu halten.

5. Dein Schöpfer spricht das große Ja,
und Jesus trägt die Lasten.
Durch Geist und Wasser ist es da,
im Mahl sollst du es kosten.

6. Drum, kleiner Mensch, darfst du dich freun
und Gott im Himmel loben.
Und wenn wir singen, darfst du schrein –
denn Er versteht es droben.

Capo II, dann: a I - I E I - I a I F I G I C I F I G I E I a I E I - I a I - II

T. und M.: Andreas Ebert
Rechte: Claudius Verlag, München

91 Alles Gute, Gottes Segen

Kehrvers:

Al - les Gu - te, Got - tes___ Se - gen
wün - schen wir dir, Ma - rei - ke,___ sehr!
lie - be Mo - ni - ka,
lie - ber Tho - mas,___
Ka - tha - ri - na,

1.–5. Mal:

Zum Ge - burts - tag gra - tu - lie - ren wir, und da - rum

wün - schen wir, wün - schen wir, wün - schen wir dir:

1. Mor - gens___ dö - sen un - ge - niert, Früh - stück

wird um zwölf ser - viert, ei - nen___ Tag lang

gar nichts tun und sich auf dem Po aus

ruhn. (pfeifen)

2. Sollst heut keinen Spaß versäumen,
brauchst auch gar nicht aufzuräumen:
Papi schwingt den Scheuerlappen,
Mutti macht die Hausaufgaben.

3. Gute Freunde, nette Gäste
sind für so ein Fest das Beste –
und wenn Tanten, Onkels nerven,
helfen wir sie rauszuwerfen!

4. Bunte Blumen, Süßigkeiten,
Spiele, die viel Spaß bereiten,
Freunde, die dich nicht vergessen –
und nicht nur den Kuchen essen.

5. Bauchweh vom Geburtstagskuchen –
lass die andern auch versuchen! –
Abends bist du rund und fett,
gehst sogar von selbst ins Bett!

Schluss-Kehrvers:

Al - les Gu - te, Got - tes___ Se - gen
wün - schen wir dir, Ma - rei - ke,___ sehr!
lie - be Mo - ni - ka,
lie - ber Tho - mas,___
Ka - tha - ri - na,___
Zum Ge - burts- tag gra - tu - lie - ren wir – ja al - le
gra-tu- lie- ren, gra-tu- lie- ren, gra-tu- lie-ren dir!

und M.: Karl Mehl (CD)
echte: Claudius Verlag, München

92 Ein Fest, ein Fest

1. Ein Fest, ein Fest. Wir fei - ern heut ein Fest. Wir la - den al - le Leu - te ein, und kei - ner soll heut drau - ßen sein. Ja, beim Fest. Wir fei - ern heut ein Fest.

2. Ein Fest, ein Fest. Wir essen heut beim Fest.
Ein jeder, der heut Hunger hat,
der wird bei unserm Festmahl satt.
Ja, beim Fest. Wir feiern heut ein Fest.

3. Ein Fest, ein Fest. Wir singen heut beim Fest.
So hell und froh klingt unser Lied,
und jeder singt da gerne mit.
Ja, beim Fest. Wir feiern heut ein Fest.

4. Ein Fest, ein Fest. Wir trinken heut beim Fest.
Schenkt Saft in unsre Gläser ein,
denn keiner soll heut durstig sein.
Ja, beim Fest. Wir feiern heut ein Fest.

5. Ein Fest, ein Fest. Wir tanzen heut beim Fest.
Wir reichen uns die Hände dann
und fangen unsren Festtanz an.
Ja, beim Fest. Wir feiern heut ein Fest.

T.: Rolf Krenzer; M.: Detlev Jöcker/Lele Oppenheimer; aus: Buch und MC „Und sie fingen an,
fröhlich zu sein"; Rechte: Menschenkinder Verlag und Vertrieb GmbH, Münster c/o Melodie
der Welt GmbH & Co, KG, Frankfurt/Main

Großes Geburtstagsgedicht

Einst war die Erde wüst und leer,
(die Hände beschreiben einen Strich, gehen nach oben und zeigen eine Wolke an)

nichts als Himmel, Wolken, Meer.
(die Hände beschreiben Wellen)

Gott sah sich das nicht lange an
(eine Hand liegt wie ein Schirm über den Augen)

und fing bald mit den Tieren an.
(die Tiere werden durch Anzeigen von Ohren dargestellt)

Und ehe man sich's recht versah,
waren auch schon Menschen da!
(beide Hände zeigen auf die Brust oder den Nachbarn)

Denn unser guter Gott sieht gern, *(nicken)*
wie Leben blüht auf unserm Stern.
(die Hände formen eine Tulpe)

Doch etwas fehlte, das war klar...
(beide Hände werden seitlich ausgestreckt)

Wer oder was? Nun ratet mal!
(fragender Blick in die Runde)

Die/der *(Name)* fehlte unserm Stern,
(das Kind wird hochgehoben)

und grade sie/ihn sieht Gott so gern.
(und möglichst an Händen und Füßen geschaukelt)

Gott sei Dank! Der/die *(Name)* ist da!
Klatscht alle mit und ruft: HURRA!
(Klatschen, Arme hochreißen und jubeln)

163

93 Wie schön, dass du geboren bist

D   A

1. Heu-te kann es reg-nen, stür-men o-der

D

schnein, denn du strahlst ja sel-ber wie der

Son-nen-schein. Heut ist dein Ge-burts-tag,

G   D

da-rum fei-ern wir, al-le dei-ne Freun-de

A⁷   D   G   D

freu-en sich mit dir. Al-le dei-ne Freun-de

A⁷   D Refrain   A

freu-en sich mit dir. Wie schön, dass du ge-

D   A

bo-ren bist, wir hät-ten dich sonst

D   A

sehr ver-misst. Wie schön, dass wir bei-

sam - men sind, wir gra - tu - lie - ren dir, Ge -

burts - tags - kind. Wie schön, dass du ge -

bo - ren bist, wir hät - ten dich sonst

sehr ver - misst. Wie schön, dass wir bei -

sam - men sind, wir gra - tu - lie - ren

dir, Ge - burts - tags - kind!

2. Unsre guten Wünsche haben ihren Grund:
Bitte bleib noch lange glücklich und gesund!
Dich so froh zu sehen, ist, was uns gefällt,
Tränen gibt es schon genug auf dieser Welt,
Tränen gibt es schon genug auf dieser Welt.

3. Montag, Dienstag, Mittwoch, das ist ganz egal,
dein Geburtstag kommt im Jahr doch nur einmal.
Darum lass uns feiern, dass die Schwarte kracht,
heute wird getanzt, gefeiert und gelacht,
heute wird getanzt, gefeiert und gelacht.

T. und M.: Rolf Zuckowski
Rechte: MUSIK FÜR DICH Rolf Zuckowski OHG, (Sikorski Musikverlage), Hamburg.

Gebet vor dem Geburtstagsfest

Jesus,
du hast auch gerne mit deinen Freunden
und Freundinnen gefeiert.
Ich habe heute Geburtstag und freue mich so auf das Fest.
Ich kann es kaum erwarten, bis meine Gäste kommen.
Geschenke zu bekommen ist aufregend.
Zusammen essen und spielen ist schön.
Jesus, ich lade dich ein, sei du bei uns,
und lass es ein frohes Fest werden. Amen.

94 Viel Glück und viel Segen

Viel Glück und viel Segen auf all deinen Wegen, Gesundheit und Frohsinn, sei auch mit dabei.

T. und M.: Werner Gneist 1930; aus: „Kleines Liederbuch", BA 1253
Rechte: Bärenreiter Verlag, Kassel

Taufe

Jesus hat zu seinen Freunden gesagt: Geht in die ganze Welt hinaus! Erzählt den Menschen, dass sie nicht nur Kinder ihrer Eltern sind, sondern auch Kinder Gottes, und tauft sie als Zeichen dafür, dass sie zu Gott und zu Gottes Sohn gehören.

Seit fast 2000 Jahren werden Menschen getauft. Das Wasser ist das Zeichen dafür, dass Gott alles Dunkle und Schwere von uns abwaschen möchte. Die meisten von uns sind als kleine Babys getauft worden. Unsere Eltern haben uns in die Kirche gebracht. Der Pfarrer oder die Pfarrerin haben uns dreimal Wasser über den Kopf geschüttet und gesagt: „Ich taufe dich im Namen des Vaters und des Sohnes und des Heiligen Geistes."

Manche Eltern lassen ihre Kinder nicht taufen, weil sie wollen, dass die Kinder sich selbst eines Tages entscheiden können, ob sie das wollen.

Taufgedächtnis

Ich habe zur Taufe eine Taufkerze bekommen. Sie erinnert daran, dass Jesus Christus das Licht der Welt ist. Manchmal kann ich das spüren. Dann wird es warm und hell in mir. An meinem Tauftag kann ich die Kerze anzünden und mich daran erinnern, dass ich zu Gott gehöre.

95 Ich trage einen Namen

1. Ich trage einen Namen, bei dem der Herr mich nennt. Du rufst mich in der Taufe, damit auch ihr mich kennt. Du rufst mich in der Taufe, damit auch ihr mich kennt.

2. In christlicher Gemeinde
mich aufnehmt, wie ich bin,
weil Gott mich angenommen.
Gott ruft mich selbst hinein.

3. So ist es durch die Taufe
mit dir und mir geschehn:
Ich darf mit Christus leben
168 und mit ihm auferstehn.

4. Und weil dich meine Schwäche
nicht stört und du mich liebst,
nehm ich auch meinen Nächsten
so an, wie du ihn gibst.

5. So trag ich meinen Namen
bei dem du, Herr, mich nennst,
und weiß, dass du mich immer
mit meinem Namen kennst.

Capo II, dann: G4 G I C G I a I F f7 I G4 I F G I C I F G4 G I C G I F G I
C I F G I C II

T.: Rolf Krenzer; M.: Peter Janssens; aus: Ich schenk dir einen Sonnenstrahl, 1985
Rechte: Peter Janssens Musik Verlag, Telgte

Getauft

Lieber Gott, ich weiß nicht, warum ich getauft worden bin.
Meine Eltern reden nie über dich.
Manchmal weiß ich nicht, ob es dich gibt.
Und manchmal kann ich dich richtig spüren.
Wenn du da bist, lieber Gott,
dann will ich das richtig merken.
Das kannst du doch machen. Amen.

96 Komm herein

1. Komm he - rein, he - rein in un - ser Haus.
Wir freun uns, dass du da bist, dass du
lachst und schaust. Komm he - rein, wir
ha - ben Platz für dich. Wir hof - fen, dass es
dir bei uns ge - fällt und tau - fen dich.

2. Komm herein in unsre schöne Welt;
Gott Vater schuf sie so, dass sie uns sehr gefällt.
Dumme Menschen machen sie kaputt.
Wir hoffen, wenn du groß bist, ist die Welt
nicht nur noch Schutt.

3. Komm herein, sagt dir auch Jesus Christ,
der in die Welt kam und für uns gestorben ist.
Seine Botschaft hat er uns gebracht,
dass nur die Liebe, die wir geben, uns
auch glücklich macht.

4. Komm herein, ruft auch der Heilge Geist,
der uns ein' frischen Mut gibt, neue Wege weist.
Er erinnert täglich uns daran,
dass Friede, Freude, Liebe man zum Glück
nicht kaufen kann!

5. Komm herein, herein in unser Haus.
Wir freun uns, dass du da bist, dass du lachst und schaust.
Komm herein, wir haben Platz für dich.
Wir hoffen, dass es dir bei uns gefällt
und taufen dich.

T. und M.: Andreas Hantke; aus: „DUWIEDAVID"
Rechte: Strube Verlag GmbH, München

97 **Segne dieses Kind**

1. Seg-ne die-ses Kind und hilf uns, ihm zu hel-fen, dass es se-hen lernt mit sei-nen eig-nen Au - gen das Ge - sicht sei-ner Mut-ter und die Far - ben der Blu-men und den Schnee auf den Ber - gen und das Land der Ver - hei - - ßung.

172

2. Segne dieses Kind und hilf uns, ihm zu helfen,
dass es hören lernt mit seinen eignen Ohren
auf den Klang seines Namens,
auf die Wahrheit der Weisen,
auf die Sprache der Liebe
und das Wort der Verheißung.

3. Segne dieses Kind und hilf uns, ihm zu helfen,
dass es greifen lernt mit seinen eignen Händen
nach der Hand seiner Freunde,
nach Maschinen und Plänen,
nach dem Brot und den Trauben
und dem Land der Verheißung.

4. Segne dieses Kind und hilf uns, ihm zu helfen,
dass es reden lernt mit seinen eignen Lippen
von den Freuden und Sorgen,
von den Fragen der Menschen,
von den Wundern des Lebens
und dem Wort der Verheißung.

Capo II, dann: C I a I d I G I C I F I G I - I E I a I d I G I C7 I F I e I G7 I C II

T.: Lothar Zenetti; M.: Andreas Hantke
Rechte: Fidula-Verlag Holzmeister GmbH, Koblenz,
www.fidula.de

Sei für alle da

Einige Kinder, die ich kenne, sind nicht getauft.
Manche glauben gar nicht an dich,
manche ganz anders als wir.
Danke, dass du auch die lieb hast,
die dich nicht kennen
oder die ganz anders über dich denken als wir.
Ich verstehe ja auch so vieles nicht.
Aber das Wichtigste ist,
dass du für uns alle da bist.

173

Kopf und Nase, Ohren und Bauch

In den ersten Lebensjahren müssen wir versorgt werden, um überleben zu können. Die meisten Kinder wachsen bei Vater und Mutter auf. Manchmal ist aber nur einer der beiden Eltern da. Manche Kinder leben auch bei Pflegeeltern oder in einem Heim, wo andere Erwachsene für sie sorgen.

Wir beginnen zu krabbeln, zu laufen, zu sprechen. Irgendwann verstehen wir, dass jeder ein ganz einzigartiger Mensch ist. Später kommen die meisten in den Kindergarten, danach in die Schule. Wir wachsen weiter, schließen Freundschaften und entdecken immer mehr von der Welt.

Mit elf oder zwölf Jahren verändert sich unser Körper noch mehr. Die Stimme der Jungen wird tiefer, Mädchen bekommen Brüste, unter den Armen und an den Geschlechtsteilen wachsen Haare: Wir werden erwachsen.

Ab und zu werden wir krank und müssen wieder versorgt werden wie am Anfang. Wenn wir groß sind, können wir einiges tun, damit diese Welt nicht nur für uns, sondern für alle Menschen schön ist. Wir können den Armen abgeben von dem, was wir haben. Wir können die Tiere und die ganze Natur beschützen. Wir können uns für den Frieden auf der Erde einsetzen. Irgendwann werden auch unsere Kinder groß sein und vielleicht selber Kinder haben.

Irgendwann müssen wir sterben. Der Tod ist wie die Geburt: Wieder müssen wir uns durch ein dunkles Tor hindurchkämpfen. Auf der anderen Seite erwartet uns Gottes Licht. Wir kehren in Gottes Hand zurück, der uns geschaffen hat. Wir gehen nach Hause.

Wir werden immer größer

1. Wir wer-den im-mer grö-ßer, je-den Tag ein Stück. Wir wer-den im-mer grö-ßer, das ist ein Glück. Gro-ße blei-ben gleich groß o-der schrum-peln ein. Wir wer-den im-mer grö-ßer, ganz von al-lein!

2. Wir werden immer größer, das merkt jedes Schaf.
Wir werden immer größer, sogar im Schlaf.
Ganz egal, ob's regnet, donnert oder schneit,
wir werden immer größer und auch gescheit.

3. Wir werden immer größer, darin sind wir stur.
Wir werden immer größer in einer Tour.
Auch wenn man uns einsperrt oder uns verdrischt,
wir werden immer größer, da hilft alles nicht.

T.: Volker Ludwig; M.: Birger Heymann; aus GRIPS-Liederbuch, Alexander Verlag Berlin 1999
Rechte: (T): beim Urheber, (M): Rechtsnachfolge Birgit Heymann

Danke!

Gott, du hast mir zwei Hände gegeben!
Ich kann damit essen, den Löffel halten.
Ich kann auch malen, schneiden und kleben.
Und ich kann die Hände zum Beten falten!
Danke, lieber Gott!

99 Meine Hände spielen

1. Mei - ne Hän - de spie - len und drehn sich.

1.–5. Gu - ter Gott, schau, was ich kann!

Alle:

Mei - ne Hän - de spie - len und

drehn sich. Schau mei - ne Hän - de an.

. Meine Füße gehen und hüpfen.
Guter Gott, schau, was ich kann!
Meine Füße gehen und hüpfen.
Schau meine Füße an.

. Meine Augen schauen und sehen.
Guter Gott, schau, was ich kann!
Meine Augen schauen und sehen.
Schau meine Augen an.

. Meine Ohren horchen und hören.
Guter Gott, schau, was ich kann!
Meine Ohren horchen und hören.
Schau meine Ohren an.

. Meine Lippen sprechen und singen.
Guter Gott, schau, was ich kann!
Meine Lippen sprechen und singen.
Schau meine Lippen an.

u.M.: Gertrud Lorenz, Rechte:
echtsnachfolge Gertrud Lorenz

Pass auf mich auf

esus, ich verändere mich,
morgens, wenn ich in den Spiegel schaue,
ärgere ich mich über die Pickel in meinem Gesicht.
Auch mein Körper wird anders.
Eigentlich freue ich mich darüber,
aber ich merke auch,
dass Erwachsenwerden nicht leicht ist.
Meine Stimmungen schwanken rauf und runter:
Manchmal raste ich bei dem geringsten Anlass aus.
Dann ist mir mit einem Mal zum Heulen zu Mute.
Bald darauf bin ich ganz flippig
und könnte die Welt umarmen.
Das Leben ist wie ein Karussell.
Jesus, du weißt, wie es ist, erwachsen zu werden.
Bitte, pass auf mich auf. Amen.

100 Ich danke Gott und freue mich

D · A · D · A

1. Ich dan-ke Gott und freu-e mich wie's

h · fis · G · D

Kind zur Weih-nachts-ga - - be, dass

h · A · h · A

ich bin, bin! Und dass ich dich, schön

fis · h · e · G · A · D

mensch-lich Ant-litz ha - - - be.

2. Dass ich die Sonne, Berg und Meer
und Laub und Gras kann sehen
und abends unterm Sternenheer
und lieben Monde gehen;

3. und dass mir dann zu Mute ist,
als wenn wir Kinder kamen
und sahen, was der heilge Christ
bescheret hatte, Amen!

4. Ich danke Gott mit Saitenspiel,
dass ich kein König worden;
ich wär geschmeichelt worden viel
und wär vielleicht verdorben.

5. Auch bet ich ihn von Herzen an,
dass ich auf dieser Erde
nicht bin ein großer reicher Mann
und auch wohl keiner werde.

6. Denn Ehr und Reichtum treibt und bläht,
hat mancherlei Gefahren,
und vielen hat's das Herz verdreht,
die weiland wacker waren.

7. Und all das Geld und all das Gut
gewährt zwar viele Sachen;
Gesundheit, Schlaf und guten Mut
kann's aber doch nicht machen.

8. Und die sind doch, bei Ja und Nein!
ein rechter Lohn und Segen!
Drum will ich mich nicht groß kastein
des vielen Geldes wegen.

9. Gott gebe mir nur jeden Tag,
soviel ich darf zum Leben.
Er gibt's dem Sperling auf dem Dach;
wie sollt er's mir nicht geben!

Capo II, dann: C G l C G l a e l F C l a G l a G l e a l d F l G C ll

T.: Matthias Claudius; M.: Andreas Ebert
Rechte: Strube Verlag GmbH, München

101 Dass ich springen darf

1. Dass ich sprin - gen darf und mich freu - en –
ich dan - ke dir! Dass ich spie - len darf
und mich freu - en – ich dan - ke dir!

2. Dass ich tanzen darf und mich freuen – ich danke dir!
Dass ich träumen darf und mich freuen – ich danke dir!

3. Dass ich singen darf und mich freuen – ich danke dir!
Dass ich lieben darf und mich freuen – ich danke dir!

T.: Ursula und Eduard Haller, M.: Seminargruppe des Ev. Stadtjugend-
pfarrers, Ffm/Dieter Trautwein
Rechte (T) Gütersloher Verlagshaus GmbH, Gütersloh, (M): Verlag Ernst
Kaufmann GmbH, Lahr

102 Kinder können viele Sachen

1. Kin - der kön - nen vie - le Sa - chen,
kön - nen sin - gen, kön - nen fei - ern,

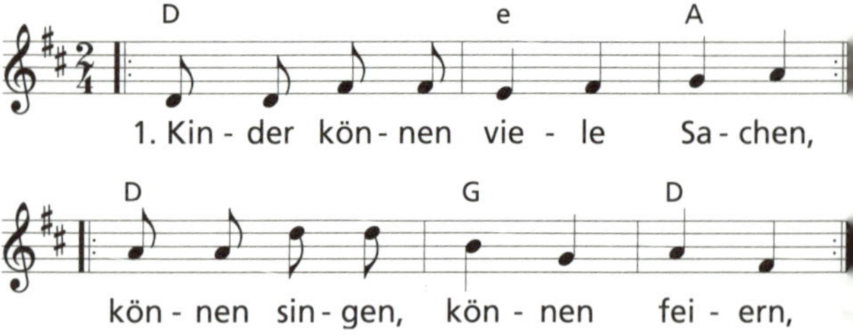

kön - nen gu - te Freun - de wer - den.

Kin - der kön - nen vie - le Sa - chen

sel - ber ma - chen.

2. Kinder können viele Sachen,
können malen, können basteln,
können mit der Säge sägen.
Kinder können viele Sachen selber machen.
Kinder können viele Sachen selber machen.

3. Kinder können viele Sachen,
können rühren, können kochen,
können sich ein Essen machen.
Kinder können viele Sachen selber machen.
Kinder können viele Sachen selber machen.

4. Kinder können viele Sachen,
können laufen, können rennen,
können über Pfähle springen.
Kinder können viele Sachen selber machen.
Kinder können viele Sachen selber machen.

5. Kinder können viele Sachen,
können singen, können feiern,
können gute Freunde werden.
Kinder können viele Sachen selber machen.
Kinder können viele Sachen selber machen.

Capo II, dann:
ll:C I d I G :ll: C I F I C :ll: C I F I C :ll: C I d I G I C I - I - :ll

T.: Sybille Fritsch; M.: Bernd Schlaudt
Rechte: bei den Autoren

103
Lass dir nicht das Lachen nehmen

1. Lass dir nicht das La-chen neh-men, La-chen tut so gut. Lachen aus dem hei-tern Her - zen macht den Win - ter warm.

2. Lass dir nicht das Weinen nehmen, Weinen tut so gut!
Weinen aus der tiefen Trauer heilt das Böse bald.

3. Lass dir nicht das Schreien nehmen, Schreien tut so gut!
Schreien bis zur schrillsten Schärfe schafft im Leiden Luft.

4. Lass dir nicht das Singen nehmen, Singen tut so gut!
Singen auch mit mattem Munde gibt zum Leben Lust.

T.: Werner Stecher; M.: Karl Mehl
Rechte (T.): beim Autor; Rechte (M.): Claudius Verlag, München

Kopf und Na - se, Oh - ren und Bauch,

Schul - tern, Ar - me, und die Bei - ne auch,

Hals und Brust, links und rechts ein Knie,

Herz und Hän - de, eins ver - gess ich nie: Sie sind der

Tem - pel, sie sind der Tem - pel des

Hei - li - gen Geis - tes, der in mir lebt. Sie sind der

Tem - pel, sie sind der Tem - pel des

Hei - li - gen Geis - tes, der in mir lebt.

T. und M.: Daniel Kallauch
Rechte: Daniel Kallauch, VOLLTREFFER, Hattingen

105 Ich möcht mit einem Zirkus ziehn

1. Ich möcht mit ei - nem Zir - kus ziehn, mit vie - len bun - ten Wa - gen, die mei - ne Welt und dei - ne Welt auf ih - ren Rä - dern tra - gen, die mei - ne Welt und dei - ne Welt auf ih - ren Rä - dern tra - gen.

2. Ich möcht der engen Welt entfliehn
mit meinen Siebensachen,
sechs Träume und ein Schaukelpferd
und Zeit zum Sachen machen,
sechs Träume und ein Schaukelpferd
und Zeit zum Sachen machen.

3. Ich möcht mit einem Zirkus ziehn,
mit Mädchen und mit Knaben,
weiß-rot sind sie und gelb und schwarz,
so pechschwarz wie die Raben,
weiß-rot sind sie und gelb und schwarz,
so pechschwarz wie die Raben.

4. Ich möcht mit ihnen Hand in Hand
auf einem Traumseil wandern
und ohne abzustürzen still

us dieser Welt zur andern,
und ohne abzustürzen still
us dieser Welt zur andern.

. Ich möcht mit einem Zirkus ziehn
mit vielen bunten Wagen,
die meine Welt und deine Welt
auf Rädern heimwärts tragen,
die meine Welt und deine Welt
auf Rädern heimwärts tragen.

Capo III, dann: D l e A I G A I D I G A I D I G A I D I G A I D I G A I D II

: Wilhelm Willms; M.: Peter Janssens; aus: Circus Mensch, 1976
echte: Peter Janssens Musik Verlag, Telgte

m Rollstuhl

Herr, schau auf mich, du kennst meinen großen Kummer.
ch sitze im Rollstuhl. Ich muss zuschauen,
wenn die anderen laufen und springen.
ch muss warten, bis mich jemand mitnimmt.
Hilf mir, dass ich froh sein kann.
Mach mich stark von innen her,
auch wenn meine Beine schwach sind.
Hilf allen Menschen, die behindert sind. Amen.

Wenn ich krank bin

Vater, ich bin krank.
Bitte, mach mich wieder gesund.
Hilf mir, geduldig zu sein
und dankbar gegenüber all denen,
die mich pflegen.
Danke, dass du da bist.

Gesundheit und Krankheit

Danke, lieber Gott, dass ich gesund bin.
Manchmal vergesse ich, Danke dafür zu sagen.
Manchen Kindern geht es nicht so gut wie mir.
Manche sind schon als Kinder schwer krank.
Wie kann ich ihnen helfen,
damit es für sie ein bisschen leichter wird?

185

106

Hey,
wir wollen Leben spüren

Kehrvers: (als Kanon)

1. Hey, wir wol-len Le-ben spü-ren,
lass uns das Le-ben lie-ben.
Hey, wir wol-len Le-ben se-hen,
lass uns das Le-ben le-ben. Le-ben für

2. dich, Le-ben für mich, Le-ben für
al-le, Gott, wir dan-ken dir. Le-ben für
dich, Le-ben für mich, Le-ben für
al-le, Gott, wir dan-ken dir. 1. Er

geht mit mir durch dick und dünn, ____ er

lässt mich sein, so wie ich bin. ____ Mein

Freund, er macht mir Mut, ja mit ihm, da

geht's mir gut. Freun - de

ha - ben macht das Le - ben gut.

2. Auf mich alleine kommt es an,
weil ich es bin, der helfen kann.
Das macht dem andern Mut,
und dann geht's ihm wieder gut.
Andern helfen macht das Leben gut.

3. Und wenn ich frier vor Angst und Schmerz,
dann machen Tränen warm das Herz,
und davon krieg ich Mut
und dann geht's mir wieder gut.
Tränen spüren macht das Leben gut.

4. Und manchmal kommt der Lärm zu dick,
dann zieh ich mich in mich zurück.
Da tank ich Kraft und Mut –
in die Stille hör'n tut gut.
Zeit für Ruhe macht das Leben gut.

Capo II, dann: F G I C a I F G I C I F G I C a I F G I C I F G I C a I F G I C
F G I C a I F G I C I C I a I F I d G I C E I a I F d I G II: C I F C I d G I C :II

T. und M.: Wolfgang Schmock (CD)
Rechte: beim Urheber

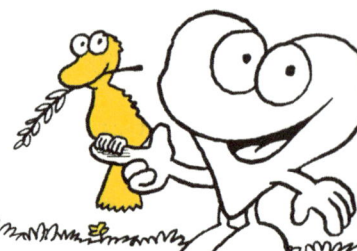

107 Ich spür Frieden im Herzen

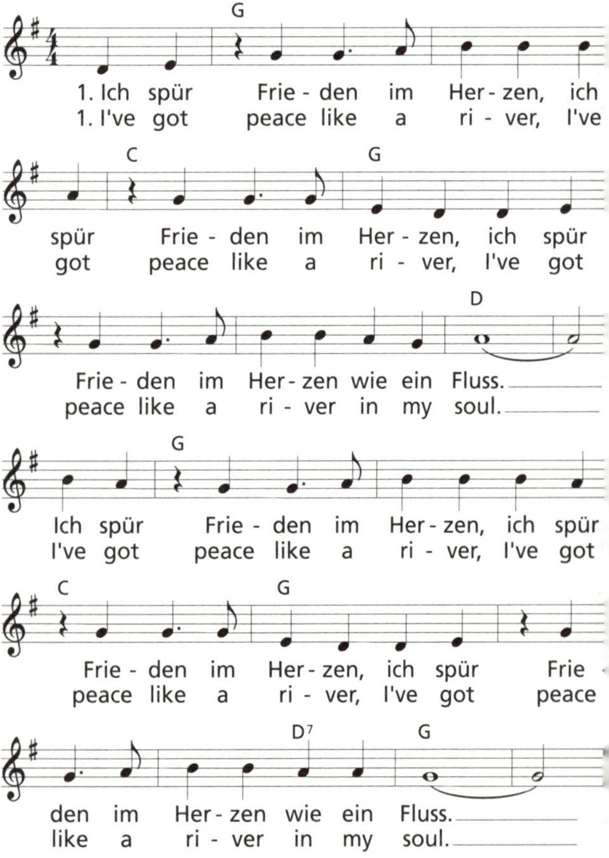
G
1. Ich spür Frie - den im Her - zen, ich
1. I've got peace like a ri - ver, I've
C G
spür Frie - den im Her - zen, ich spür
got peace like a ri - ver, I've got
D
Frie - den im Her - zen wie ein Fluss.
peace like a ri - ver in my soul.
G
Ich spür Frie - den im Her - zen, ich spür
I've got peace like a ri - ver, I've got
C G
Frie - den im Her - zen, ich spür Frie -
peace like a ri - ver, I've got peace
D7 G
den im Her - zen wie ein Fluss.
like a ri - ver in my soul.

2. Eine Quelle der Freude ... ist in mir.
3. Ich trag Liebe im Herzen ... wie ein Meer.
4. Ich hab Kraft wie ein Adler ... wenn er fliegt.

2. I've got joy like a fountain ... in my soul.
3. I've got love like an ocean ... in my soul.
4. I've got strength like an eagle ... in my soul.

T.: aus England; dt.: Ulrike Wilhelm u. Andreas Ebert; M.: Traditional
Rechte: Claudius Verlag, München

Für die Kinder in der ganzen Welt

Lieber Vater,
es gibt so viele Kinder in der ganzen Welt,
die nicht aufstehen können, weil sie krank sind.
Manche schon so lange, dass sie bereits vergessen haben,
was es heißt, zu laufen und zu spielen.
Ich will mir vorstellen können, wie das ist.
Wenn man immer im Bett bleiben muss
und sich alleine fühlt.
Ich will sie mit meinem Herzen umarmen
so wie du das getan hast und immer noch tust,
auch mit mir. Amen.

Was ein Kind gesagt bekommt

Der liebe Gott sieht alles.
Man spart für den Fall des Falles.
Sie werden nichts, die nichts taugen.
Schmökern ist schlecht für die Augen.
Kohlentragen stärkt die Glieder.
Die schöne Kinderzeit, die kommt nicht wieder.
Man lacht nicht über ein Gebrechen.
Du sollst Erwachsenen nicht widersprechen.
Man greift nicht zuerst in die Schüssel bei Tisch.
Sonntagsspaziergang macht frisch.
Zum Alter ist man ehrerbötig.
Süßigkeiten sind für den Körper nicht nötig.
Kartoffeln sind gesund.
Ein Kind hält den Mund.

Bertolt Brecht

In deinem Arm

Jesus stillt den Sturm

Als es Abend wurde, sagte Jesus zu denen, die mit ihm gingen: „Wir wollen ans andere Seeufer fahren!" Da stiegen sie mit Jesus in ihr Boot. Mit einem Mal fing es an zu stürmen. Schnell wurde es dunkel. Der Wind pfiff. Das Segel flatterte. Die Wellen schlugen über Bord. Schon begann sich das Schiff mit Wasser zu füllen. Jesus jedoch schlief ruhig im Heck des Bootes auf einem Kissen. Voller Angst weckten ihn einige und sagten: „Meister, kümmert es dich nicht, dass wir untergehen?" Jesus erhob sich. Er drohte dem Wind und sagte zum See: „Sei ruhig!" Da legte sich der Wind. Es wurde ganz still. Dann sagte Jesus zu allen, die mit ihm waren: „Warum habt ihr solche Angst? Habt ihr immer noch kein Vertrauen?" Da erschraken sie.
Aufgeregt redeten sie miteinander. Sie sagten: „Was ist Jesus für ein Mensch, dass ihm sogar Wind und Wellen gehorchen?"
Markus 4,35–41

Bei dir, Gott, berge ich mich 108

Bei dir, Gott, ber-ge ich mich, lass mich nie mehr zu Schan-den wer-den.

T.: Psalm; M.: Johannes Blohm
Rechte: beim Autor

Groß und mächtig

Gott, du bist groß und mächtig,
du bist unsterblich,
du schenkst uns Frieden
und beschützt uns vor dem Bösen.
Sebastian, 10 Jahre

191

109

In deinem Arm geht es mir gut

1. In dei - nem Arm geht es mir gut,
bin ich ge - bor - gen und zu Haus.
In dei - nem Arm find ich Mut,
in dei - nem Arm ruh ich mich aus.

2. In deinem Arm ist mir nicht kalt,
bin ich geborgen und zu Haus.
In deinem Arm hab ich Halt,
in deinem Arm ruh ich mich aus.

3. In deinem Arm bin ich nicht klein,
bin ich geborgen und zu Haus.
In deinem Arm ganz allein,
in deinem Arm ruh ich mich aus.

4. In deinem Arm ist mir nicht bang,
bin ich geborgen und zu Haus.
In deinem Arm stundenlang,
in deinem Arm ruh ich mich aus.

Capo V, dann: G I C I G I a (F) I G C I a (F) G I E a I D (7) G(7) I C II

T.: Hans-Jürgen Netz; M.: Holger Clausen; aus: „Merkt ihr nix?", 1988
Rechte: tvd-Verlag, Düsseldorf

Komisch, Jesus ...

... manchmal ist mir so, als ob ich zwei verschiedene Leute bin.
Manchmal bin ich zu allen Leuten nett
und finde die anderen auch ziemlich gut.
In solchen Zeiten finde ich mich selber auch in Ordnung.
Aber manchmal ist es dunkel in mir.
Ich fühle mich klein und blöd.
Vor den anderen habe ich Angst, oder ich schnauze sie an.
Es macht mir Spaß, sie zu ärgern.
Und mich selber kann ich dann auch nicht leiden.
Danke für das Helle in mir.
Ich glaube, so bin ich wirklich.
Aber das Dunkle gehört auch zu mir.
Kannst du es immer wieder verwandeln?

Irischer Segen

Jesus sei mit mir, Jesus sei vor mir,
Jesus sei in mir, Jesus sei unter mir,
Jesus sei über mir.
Jesus zur Rechten, Jesus zur Linken,
Jesus sei da, wo ich liege,
Jesus sei da, wo ich stehe,
Jesus sei da, wo ich sitze.
Jesus in der Tiefe, Jesus in der Höhe,
Jesus in der Weite.
Jesus sei in jedem Mund, der von mir spricht,
Jesus sei in jedem Auge, das mich sieht,
Jesus sei in jedem Ohr, das mich hört.
Jesus, sei meine Kraft und mein Friede. Amen.

Psalm 27

Gott ist mein Licht, wenn es finster ist.
Wenn ich Angst habe, ist er mein Schutz.
Vor wem sollte ich mich fürchten?
Vor den Menschen? Gott ist stärker.
Vor dem Alleinsein? Gott ist bei mir.
Verlass mich nicht, Gott,
zeig mir meinen Weg,
und begleite mich dabei.
Wenn du bei mir bist, habe ich Mut.
Wenn du mir hilfst, bin ich stark.
Du, Gott, bist mein Licht in der Finsternis
und mein Schutz in der Nacht.
Ich danke dir, dass du mir hilfst.

Ich trau auf dich, o Herr **110**

Ich trau auf dich, o Herr. Ich
sa - ge: Du bist mein Gott. In
dei - ner Hand steht mei - ne Zeit, in
dei - ner Hand steht mei - ne Zeit.
Ge - lo - bet sei der Herr, denn
er hat wun - der - bar sei - ne
Lie - be mir er - wie - sen und
Gü - te mir ge - zeigt.

OT.: nach Psalm 31,15, dt. T.: Gitta Leuschner, M.: Marion Warrington
Originaltitel: I Trust In You, O Lord
Rechte: 1976 Jugend mit einer Mission / 1998 Hänssler-Verlag, 71087 Holzgerlingen

Jesus zu seinen Freunden:

In der Welt habt ihr Angst. Aber seid getröstet. Ich habe die Welt überwunden!

Johannes 16,33

111 Wenn es Nacht wird, hab ich Angst

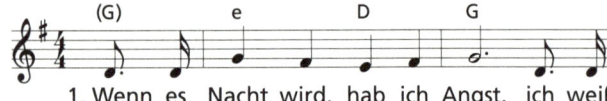

1. Wenn es Nacht wird, hab ich Angst, ich weiß nicht, wa-rum. Es ist ja so dumm. Wenn es

Nacht wird, hab ich Angst. Ich weiß, die

Son-ne geht nicht fort, sie leuch-tet nur am

an-dern Ort. Und trotz-dem hab ich Angst.

2. Bei Gewitter hab ich Angst, ich weiß nicht, warum.
Es ist ja so dumm. Bei Gewitter hab ich Angst.
Ich weiß, die Hitze hat's gemacht,
dass es so regnet, blitzt und kracht.
Und trotzdem hab ich Angst.

3. Wenn ich träume, hab ich Angst, ich weiß nicht, warum.
Es ist ja so dumm. Wenn ich träume, hab ich Angst.
Ich weiß, dass Trug ist oder Schaum
so mancher böse Schauertraum.
Und trotzdem hab ich Angst.

4. Vor den Großen hab ich Angst, ich weiß nicht, warum.
Es ist ja so dumm. Vor den Großen hab ich Angst.
Ich weiß, sie haben nicht mehr Macht
als ihnen Gott hat zugedacht.
Und trotzdem hab ich Angst.

T. und M.: Kurt Rommel
Rechte: Strube Verlag GmbH, München

Wo ich gehe

Wo ich gehe, wo ich stehe,
bist du, lieber Gott, bei mir.
Wenn ich dich auch niemals sehe,
weiß ich dennoch: Du bist hier.

Was uns die Angst nimmt

Vater und Mutter und vertraute Gesichter,
im Dorf und in der Stadt die Lichter.
Die Sonne, die uns am Morgen weckt,
das Kätzchen, das sich in unserm Arm versteckt.
Im Bett Teddybären und Puppen,
Sterne, die durchs Fenster gucken.
Bruder, Schwester, Neffen und Nichten
und in der Schule die schönen Geschichten.
Alles, was jeden Tag mit uns lebt,
und am Abend das Gutenachtgebet.

Max Bolliger

112

Ich lobe meinen Gott, der aus der Tiefe mich holt

1. Ich lo - be mei - nen Gott, der aus der Tie - fe mich holt, da - mit ich le - be. Ich lo - be mei - nen Gott, der mir die Fes - seln löst, da - mit ich frei bin.

Kehrvers:

Eh - re sei Gott auf der Er - de in al - len Stra - ßen und Häu - sern, die Men - schen wer - den sin - gen, bis das Lied zum Him - mel steigt. Eh - re sei Gott und den Men - schen Frie - den,

Eh - re sei Gott und den Men - schen Frie - den,

Eh - re sei Gott und den Men - schen Frie - den,

Frie - den auf Er - - - den.

2. Ich lobe meinen Gott, der mir den neuen Weg weist,
damit ich handle.
Ich lobe meinen Gott, der mir mein Schweigen bricht,
damit ich rede.

3. Ich lobe meinen Gott, der meine Tränen trocknet,
dass ich lache.
Ich lobe meinen Gott, der meine Angst vertreibt,
damit ich atme.

T.: Hans-Jürgen Netz; M.: Christoph Lehmann; aus: „Exodus", 1979
Rechte: tvd-Verlag, Düsseldorf

113 Manchmal hab ich Angst

1. Manch-mal hab ich Angst im Dun-keln,
bin ich ganz al - lein,
lau - fe schnell zu mei - ner Mut - ter,
will bei ihr ge - bor - gen sein.

2. Hab ich einmal keine Freunde,
nie bin ich allein,
denn ich kenne einen Helfer,
der will immer bei mir sein.

3. Wo ich gehe, wo ich stehe,
bist du, Gott, bei mir.
Wenn ich dich auch niemals sehe,
weiß ich sicher: Du bist hier.

T. und M.: Gerhard Rosewich
Rechte: Verlag Ernst Kaufmann, Lahr

Jesus, mein Bruder,

du hast einmal gesagt: Ich bin bei euch alle Tage.
Du bist also bei mir, wenn ich froh bin.
Du bist bei mir, wenn ich traurig bin.
Du bist bei mir, wenn ich Angst habe.
Du bist bei mir, wenn ich krank bin.
Du bist bei mir, wenn ich etwas nicht kann.
Du bist bei mir, wenn ich versage.
Du bist bei mir, wenn ich Frieden mache.
Du bist bei mir, wenn ich bete.
Du bist bei mir, wenn ich dein Brot esse.
Lass mich deine Nähe spüren. Amen.

Gottes Hand hält uns fest

114

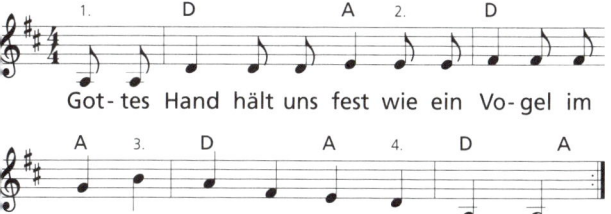

Got-tes Hand hält uns fest wie ein Vo-gel im Nest, so sind wir wohl ge-bor-gen.

T. und M.: Bernd Schlaudt
Rechte: beim Autor

115 Lieber Gott, schick uns deine Engel

Refrain: Lie - ber Gott, schick uns dei - ne En - gel,
da - mit wir nie - mals al - lei - ne sind. *Fine*

1. Sie er - zäh - len uns von dei - ner Lie - be,
fröh - lich wird im Him - mel mu - si - ziert.
Bit - te sen - de sie her - nie - der,
dass nichts Bö - ses uns pas - siert. *(folgt Ref.)*

2. Und auf allen, allen unsern Wegen
soll dein Engel immer mit uns gehn.
Hält uns unter deinem Segen
bis zu unserm Wiedersehn.

T. und M.: Andreas Hantke
Rechte: Strube Verlag GmbH, München

Manchesmal, wenn ich so fröhlich bin

116

C

Man-ches-mal, wenn ich so fröh-lich bin, — macht ein

G(7)   **C**

En - gel in mir ei - nen Luft-sprung drin, ____ und

a   **d**

man-ches-mal, wenn ich so trau-rig bin, — kommt ein

C   **d**   **G(7)**

En - gel ganz na - he   zu   mir hin   und

C   **G(7)** **(d)**   **a**

sagt   ganz leis: "Gott   weiß   den

F **(d)**   **G(7)** **F**   **(d)** **G**

Weg! 's darf   sein!" Hm _____ "Horch,

C(7)   **F**   **C**

ich lass dich nie, nie al - lein!"

T. und M.: Kaupeney
Rechte: beim Autor

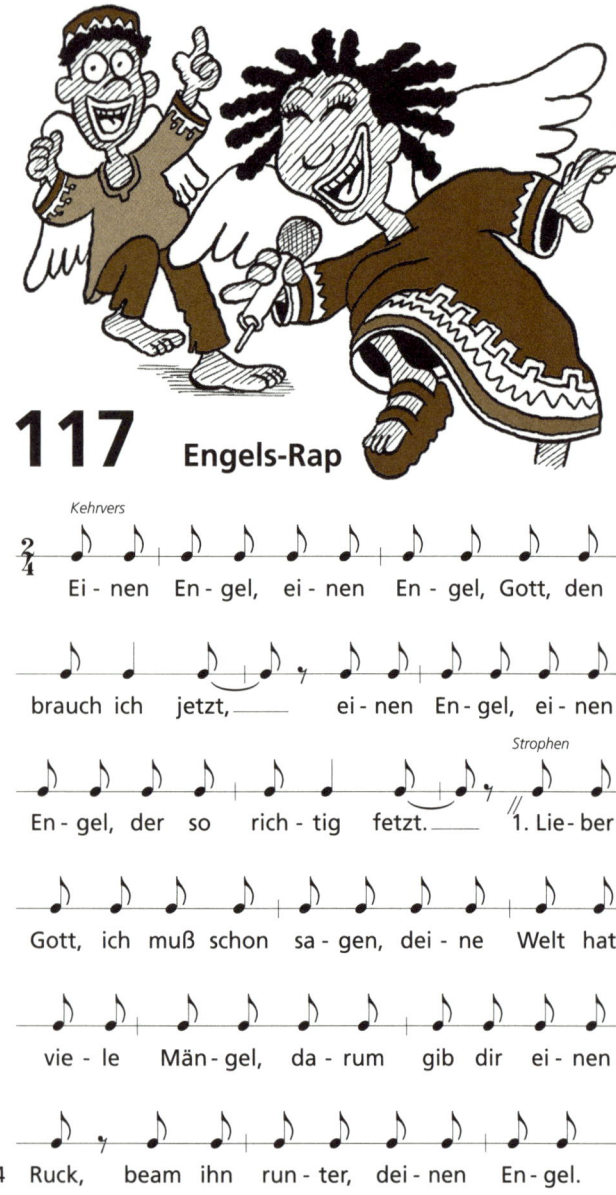

117 Engels-Rap

Kehrvers

Ei - nen En - gel, ei - nen En - gel, Gott, den

brauch ich jetzt, ei - nen En - gel, ei - nen

En - gel, der so rich - tig fetzt.

Strophen

1. Lie - ber

Gott, ich muß schon sa - gen, dei - ne Welt hat

vie - le Män - gel, da - rum gib dir ei - nen

Ruck, beam ihn run - ter, dei - nen En - gel.

204

2. Sei nicht sauer, wenn ich power,
wenn ich quengel, wenn ich drängel –
alles geht mir auf den Keks.
Ist er noch nicht unterwegs?

3. Ich nehm den Mi-cha-el,___ ich nehm den

Gab-ri-el,___ ich nehm den Ra-fa-el,___

___ ich nehm den U-ri-el,___ ganz e-

gal, wel-ches Mo-dell, schick ihn

jetzt, ich brauch ihn schnell!

4. ... einen, der mir, wenn ich penne,
einen Tritt gibt, dass ich renne.
... einen, der mich, wenn ich fies bin,
dran erinnert, dass ich mies bin.

5. ... einen, der mich an der Hand fasst
und im Chaos auf mich aufpasst.
... einen, der mit aller Kraft
da, wo Krieg ist, Frieden schafft.

6. ... einen, der jetzt Nachtdienst schiebt
und mir gute Träume gibt.
(6. Vers nur erste Zeile!)

T.: Werner Tiki Küstenmacher; M.: Andreas Hantke (CD)
Rechte: Claudius Verlag, München

Komm, bau ein Haus

Ein Freund

ist jemand, der dich gern hat.
Es kann ein Junge sein. Es kann ein Mädchen sein.
Oder eine Katze. Oder ein Hund.
Manchmal erkennst du deine Freunde nicht,
auch wenn sei bei dir sind die ganze Zeit.
Du gehst an ihnen vorbei
und siehst nicht, wie gern sie dich haben.
Und wenn du dann denkst, du hast keine Freunde,
dann musst du innehalten und dich besinnen ...
Freunde musst du eben manchmal suchen!
Manche haben viele, viele Freunde.
Manche haben ein paar Freunde.
Aber jeder, jeder in der ganzen weiten Welt
hat bestimmt einen Freund!
Hast du deinen gefunden?

Joan Walsh Anglund

Ich wünsch dir Freundinnen und Freunde 118

Ich wünsch dir Freun-din-nen und Freun-de, die

dich gut ver-stehn, — und Got-tes Se-gen soll

auf al-len We-gen mit dir gehn.

T. und M.: Bernd Schlaudt
Rechte: beim Autor

119 Komm, bau ein Haus

Komm, bau ein Haus, das uns be-schützt,
pflanz ei-nen Baum, der Schat-ten wirft,
und be-schrei-be den Him-mel, der uns blüht,
und be-schrei-be den Him-mel, der uns blüht.

1. Lad vie-le Tie-re ein ins Haus
und fütt-re sie bei uns-rem Baum,
lass sie dort mun-ter

spie-len, wo kei-ner sie in Krei-se
sperrt, lass sie dort lan-ge spielen, wo der Him-mel blüht.

2. Lass viele Kinder ein ins Haus,
versamml sie bei unsrem Baum,
lass sie dort fröhlich tanzen,
wo keiner ihre Kreise stört,
lass sie dort lange tanzen,
wo der Himmel blüht.

3. Lad viele Alte ein ins Haus,
bewirte sie bei unsrem Baum,
lass sie dort frei erzählen
von Kreisen, die ihr Leben zog,
lass sie dort lang erzählen,
wo der Himmel blüht.

4. Komm, wohn mit mir in diesem Haus,
begieße mit mir diesen Baum,
dann wird die Freude wachsen,
weil unser Leben Kreise zieht,
dann wird die Freude wachsen,
wo der Himmel blüht.

T: Friedrich Karl Barth, Peter Horst,
Hans-Jürgen Netz; M.: Peter Janssens;
aus: Unkraut Leben, 1977
Rechte: Peter Janssens Musik Verlag, Telgte

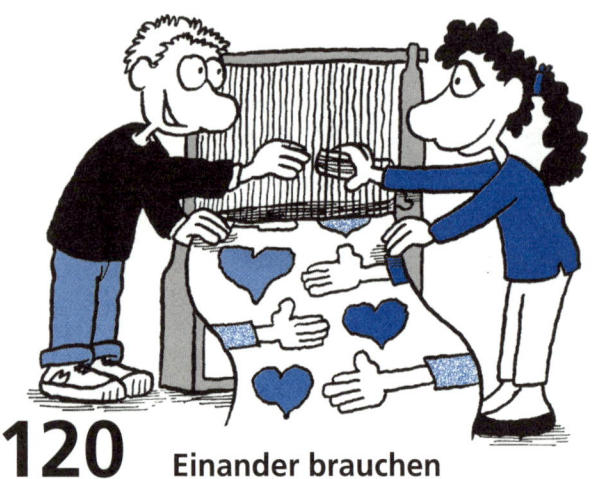

120 Einander brauchen

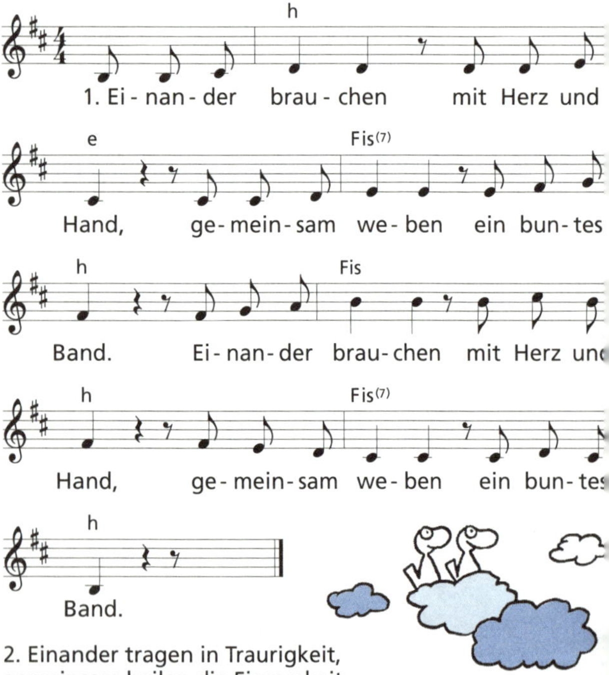
h
1. Ei - nan - der brau - chen mit Herz und
e
Fis(7)
Hand, ge - mein - sam we - ben ein bun - tes
h
Fis
Band. Ei - nan - der brau - chen mit Herz und
h
Fis(7)
Hand, ge - mein - sam we - ben ein bun - tes
h
Band.

2. Einander tragen in Traurigkeit,
gemeinsam heilen die Einsamkeit.

3. Einander helfen in Leid und Not,
gemeinsam danken für Wein und Brot.

4. Einander mahnen in Zank und Streit,
gemeinsam lindern die Bitterkeit.

5. Einander streicheln in Schlaf und Traum,
gemeinsam liegen im Apfelbaum.

6. Einander sagen, was recht und gut,
gemeinsam bitten um etwas Mut.

7. Einander glauben zu jeder Zeit,
gemeinsam hoffen schon himmelweit.

Capo II, dann: - l a l d l E(7) l a l d l a l E(7) l a ll

T. und M.: Okko Herlyn; aus: „Mein Liederbuch", Band 1, 1981
Rechte: tvd-Verlag, 48417 Drensteinfurt

Danke für die Freunde

Lieber Gott, danke, dass wir Freunde haben
und jemand, dem wir unsere Gefühle,
Ängste und Sorgen anvertrauen können.
Jemanden, der uns wieder aufbaut,
wenn wir niedergeschlagen sind.
Der nicht über uns spottet und uns Mut macht,
noch einmal anzufangen.
Aber manche Menschen kennen dieses Gefühl der
Geborgenheit, der Unterstützung und der Liebe nicht.
Sie leben alleine oder im Krieg.
Lieber Gott, beschütze all diese Menschen.
Gib ihnen das Gefühl, geborgen zu sein.
Das bitten wir dich. Amen.
Pamela, 11 Jahre

Danke für die Freundschaft

Danke, Gott, dass du die Freundschaft erfunden hast.
Es ist so gut, dass ich Freunde habe, die zu mir halten
und mit denen ich meine Geheimnisse teilen kann.
Zusammen haben wir viele tolle Ideen.
Freunde zu haben macht das Leben aufregend und schön.   211

121 Wie fröhlich muss Gott sein

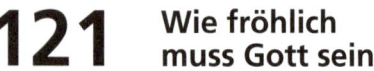

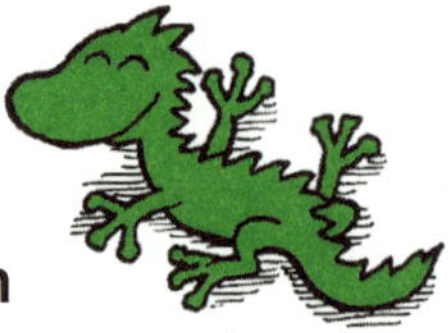

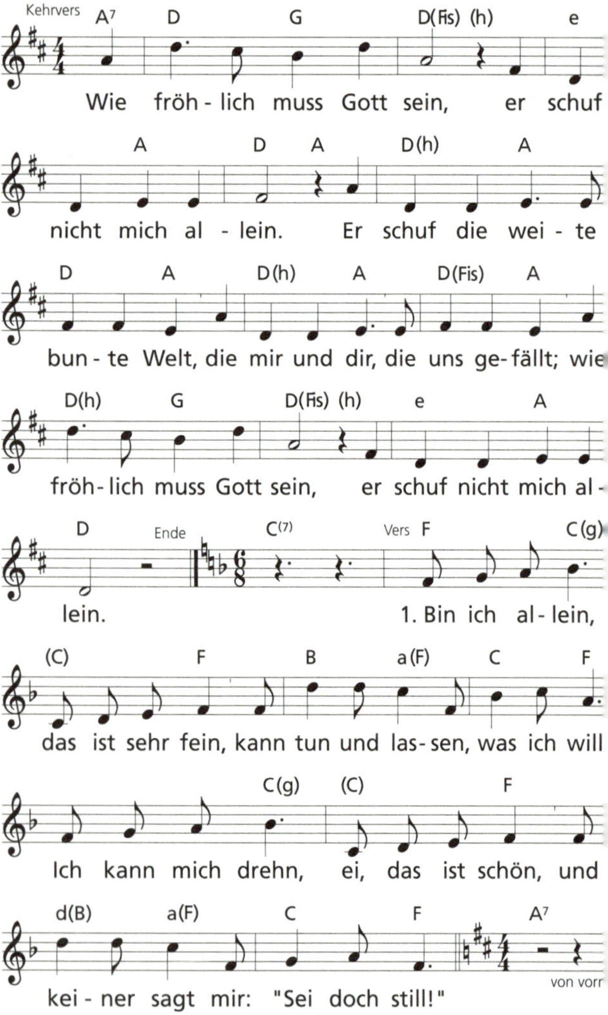
Kehrvers
A7 D G D(Fis) (h) e
Wie fröh - lich muss Gott sein, er schuf
A D A D(h) A
nicht mich al - lein. Er schuf die wei - te
D A D(h) A D(Fis) A
bun - te Welt, die mir und dir, die uns ge- fällt; wie
D(h) G D(Fis) (h) e A
fröh- lich muss Gott sein, er schuf nicht mich al -
D Ende C(7) Vers F C(g)
lein. 1. Bin ich al - lein,
(C) F B a(F) C F
das ist sehr fein, kann tun und las- sen, was ich will
C(g) (C) F
Ich kann mich drehn, ei, das ist schön, und
d(B) a(F) C F A7
kei - ner sagt mir: "Sei doch still!"
von vorn

2. Und dann kommst du zu mir dazu,
dann nehm ich dich bei deiner Hand,
und fast so schnell wie Karussel,
so tanzen wir durchs ganze Land.

3. Und kommt ihr her, dann sind wir mehr,
wie viel und stark wir plötzlich sind!
Wir wolln uns freun im Ringelreihn,
und „Engele flieg!" macht jedes Kind.

4. Im Kreis ist's schön! Wir können sehn:
Wer ist denn heute alles da?
Und ich und du winken euch zu
und singen fröhlich: Falala!

T. und M.: Andreas Hantke; aus: „DUWIEDAVID"
Rechte: Strube Verlag GmbH, München

Ich möchte einen Freund,

der treu ist.
Der sich nicht groß macht und laute Reden schwingt.
Auch nicht einen, der immer zuerst an sich selbst denkt.
Ich möchte einen Freund, der mich wirklich gern hat
und dem ich meine Geheimnisse anvertrauen kann.
Mein Freund kann auch ein Mädchen sein,
aber kein launisches!
Ich muss mich auf sie verlassen können.
Sie darf mich nie verraten!

Carol, 10 Jahre, England

213

Schmusen und streicheln

Guter Gott, schmusen und streicheln
ist oft so schön und kuschelig,
wenn ich Lust darauf habe.
Aber manchmal, zum Beispiel bei Verwandten,
wird es mir zuviel.
Warum merkt niemand, dass es mir lästig ist.
Gott, gib mir den Mut,
Nein zu sagen und mich zu wehren.

122 Lasst mich los!

1. Lasst mich los! Wa-rum nur müs-sen mich die Gro-ßen im-mer küs-sen?

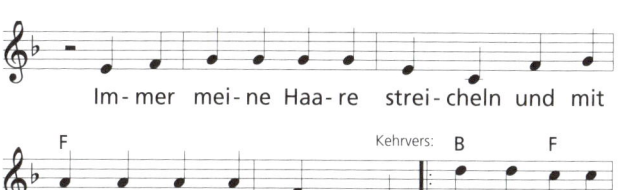

Im- mer mei- ne Haa- re strei- cheln und mit

Kehrvers:

schö- nen Wor- ten schmei- cheln? Sta- chel- i- gel

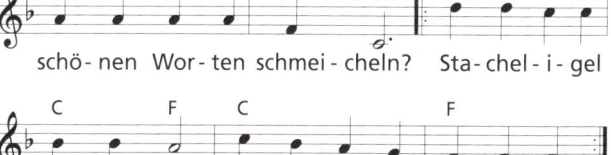

ha- ben's gut, weil die kei- ner küs- sen tut.

2. Lasst mich los! Warum nur müssen mich die Großen
immer küssen, immer herzen, immer drücken,
„Goldschatz" schreien vor Entzücken?

3. Lasst mich los! Warum nur müssen mich die Großen
immer küssen, immer mein Gesicht abschlecken?
Könnte ich mich bloß verstecken!

Capo III, dann: A I - I - I D I - I A I - I - I - I D I - II: G D I A D I A I D :II

T.: Sylvia Früh-Keyserling; M.: Ludger Edelkötter, Rechte (T): S. Keyserling; Rechte (M): KiMu
Kinder Musik Verlag GmbH, 48417 Drensteinfurt

Nein

Guter Gott, da
verlangt jemand Dinge von mir,
die ich nicht tun möchte.
Aber es ist so schwer, manche Bitten abzuschlagen.
Bitte, hilf mir, zu manchen Dingen Nein zu sagen.
Rita, 11 Jahre

Für unsere Familie

Guter Gott, danke für unsere Familie.
Ich mag jetzt an die Menschen denken, die ich lieb habe.
Auch wenn mich manche davon manchmal nerven.
(Hier kannst du die Namen aufzählen)
Ich danke dir für diese Menschen.
Es ist gut, dass es sie gibt
und ich mit ihnen leben darf.
Amen.

215

123 Sanftmut den Männern

1. Sanft - mut den Män - nern, Groß - mut den Frau - en! Lie - be uns al - len, weil wir sie brau - chen.

2. Flügel den Lahmen! Lieder den Stummen!
Träume uns allen, weil wir sie brauchen.

3. Ehrfurcht den Starken! Mut den Gejagten!
Friede uns allen, weil wir ihn brauchen.

T. und M.: aus Südafrika, dt. Text: Gerhard Schöne
Rechte (dt. T.): Buschfunk Produktion, Berlin

Fairer Streit

Jesus, mein Bruder,
meistens ist es schön, eine Familie zu haben,
aber manchmal ist es auch schwer.
Vor allem, wenn es ungerechten Streit gibt
und ich mich dabei ganz klein fühle.
Es gibt auch anderen Streit,
der ist anstrengend, aber fair.
Jeder hört dem anderen zu, obwohl er wütend ist.
Das ist, als wenn sich die Luft reinigt.
Hilf uns zu fairem Streit.

Scheidung

Meine Eltern lassen sich scheiden,
heute haben sie es mir gesagt.
Eigentlich habe ich es schon gewusst.
Wie ein schweres Mühlrad drehen sich jetzt meine Gedanken!
Meine Gefühle sind ein einziger Wirrwarr.
Ich fühle mich so unendlich alleine.
Wo gehöre ich jetzt hin?
Hätte ich etwas tun können,
damit die zwei zusammenbleiben?
Das zerreißt mich fast.
Ich liebe sie doch beide.
Aber manchmal hasse ich sie,
weil sie mir das antun!
Warum das alles, Gott?
Als dein Sohn einsam und traurig war
hat er auch gebetet und gerufen: „Warum?"
Er hat Trost bei dir gefunden.
Tröste auch mich, Gott, ich bitte dich.

Ich bin verliebt

O Gott, ich bin verliebt, das ist so aufregend.
Ich kann nicht mehr richtig schlafen,
und ständig muss ich an ihn denken.
Hoffentlich sehe ich ihn morgen wieder.
Ob er mich wohl auch mag?
Ich würde so gerne mit ihm gehen.
Gott, du verstehst mich, denn du bist die Liebe.
Danke für die Liebe. Amen.

Feinde und Freunde

Jesus, heute habe ich mich gestritten.
Jetzt fühle ich mich so allein, wütend und traurig.
Ich kann mir im Moment nicht vorstellen,
mich jemals wieder zu vertragen.
Du weißt, wie das ist, von Freunden enttäuscht zu werden.
Und doch hast du sie lieb behalten und ihnen verziehen.
Bitte, hilf mir! Amen.

124 Oh, ohoho, ich lach dich an

Oh, o - ho - ho, ich lach dich an, weil ich

ahn, weil ich spür, weil ich hoff, weil ich weiß,

dass ich mit dir mal Freund - schaft schlie - ßen

kann – ir - gend - wann. 1. Un - ter

ei - nem Som - bre - ro sitzt ein Gu - i - tar - re - ro.

Er singt Lie - der von Schmerz und A - mor und

lockt da - mit ein paar Pe - se - ten her - vor. Ich ent-

de-cke ihn im Men-schen-ge-wühl, erst fremd,

doch dann ein neu-es Ge-fühl. Uns-re Bli-cke

tref-fen sich, er lä-chelt, er meint mich.

2. Ungefähr siebzehn Jahre,
grell-grün gefärbte Haare.
Im Nasenflügel glitzert ein Ring.
Und Jeans, die total durchlöchert sind.
Ich begegne ihr im Menschengewühl.
Erst fremd, doch dann ein neues Gefühl.
Unsre Blicke treffen sich.
Sie lächelt, sie meint mich.

3. Aufrecht und kerzengerade.
Soldat bei der Parade.
Rutscht ihm doch der Helm ins Gesicht.
Schnell korrigiert, dann merkt man's nicht.
Doch er hat gespürt, ich hab's gesehn.
Und er schaut mich an im Vorübergehn.
Unsre Blicke treffen sich.
Er lächelt, er meint mich.

4. „Auberginen, Melonen!
'n bisschen mehr – soll sich lohnen!"
Eine alte Frau aus der Türkei
handelt den Preis und hat Spaß dabei.
Ein Kürbis entrollt, ich spring hinterher.
Heb ihn auf, geb ihn ihr. „Da, bitte sehr!"
Unsre Blicke treffen sich. Sie lächelt, sie meint mich.

Capo II, dann: C G C I e d G I C a I d I G F I C II - F C I a d a I G C I
G I F G C I F G C I F G I F I G II

T. und M.: Thilo Hoppe
Rechte: beim Autor

Gib uns Frieden jeden Tag

Fast jeden Tag sehen wir Bilder vom Krieg. Zwischen verschiedenen Völkern oder Volksgruppen, Konfessionen und Religionen hat sich im Laufe der Zeit oft ungeheuer viel Hass angestaut. Ein kleiner Funke führt dann manchmal zur Explosion.

Krieg gibt es nicht nur zwischen Völkern. Auch in Familien oder in Schulklassen kann eine Art Krieg stattfinden. Wenn jeder immer Recht haben will, wenn keiner teilen möchte, wenn niemand den ersten Schritt zur Versöhnung macht, dann staut sich der Hass auf. Jesus hat seinen Jüngern gesagt, sie sollen Frieden stiften. Aber das ist oft schwer und kann Nachteile bringen.

Einfacher ist es oft, sich auf die Seite der Stärkeren zu schlagen. Den ersten Schritt zum Frieden zu machen ist nicht leicht. Das merkt man schon bei einem kleinen Streit.

Herr, gib uns deinen Frieden 125

1. Herr, gib uns dei-nen Frie - den,
2. gib uns dei - nen Frie - den,
3. Frie - den, gib uns dei-nen Frie-den, Herr,
4. gib uns dei - nen Frie - den.

T.: Wolfgang Poeplau; M.: Ludger Edelkötter; Rechte (T): W. Poeplau,
Rechte: tvd-Verlag, Düsseldorf

126 Alle Kinder dieser Erde

(klatschen oder klopfen)

1. Al- le Kin- der die- ser Er- de sind vor Got- tes An- ge -sicht ei- ne rie- si- ge Fa- mi- lie, ob sie's wis- sen o - der nicht.

2. Der Indianerbub im Westen
und aus China Li-Wang-Lo,
auch der schwarze Afrikaner
und der kleine Eskimo.

3. Alle sind genauso gerne
froh und lustig auf der Welt,
freun sich über Mond und Sterne
unterm gleichen Himmelszelt.

4. Spielen, lernen, singen, lachen,
raufen sich auch mal geschwind.
Alle sind sie Gottes Kinder,
welcher Farbe sie auch sind.

T.: Christel Süßmann; M.: Bernd Schlaudt
Rechte (T): Rechtsnachfolge Christel Süßmann,
(M): Bernd Schlaudt

Selig seid ihr 127

1. Se - lig seid ihr, wenn ihr ein - fach lebt. Se - lig seid ihr, wenn ihr Las - ten tragt.

2. Selig seid ihr, wenn ihr lieben lernt.
Selig seid ihr, wenn ihr Güte wagt.

3. Se - lig seid ihr, wenn ihr Lei - den merkt. Se - lig seid ihr, wenn ihr ehr - lich bleibt.

4. *(1. Melodie)* Selig seid ihr, wenn ihr Frieden macht,
selig seid ihr, wenn ihr Unrecht spürt.

T.: Friedrich Karl Barth, Peter Horst; M.: Peter Janssens; aus: Uns allen blüht der Tod, 1979
Rechte: Peter Janssens Musik Verlag, Telgte

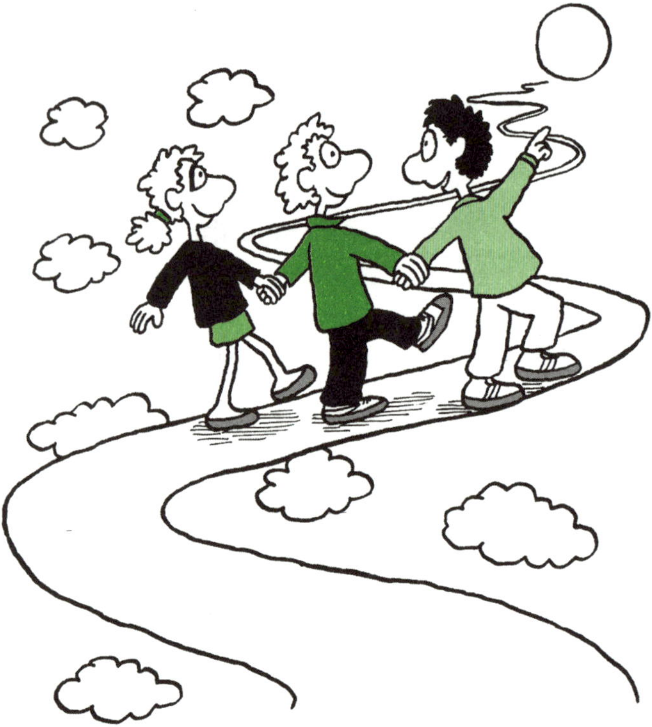

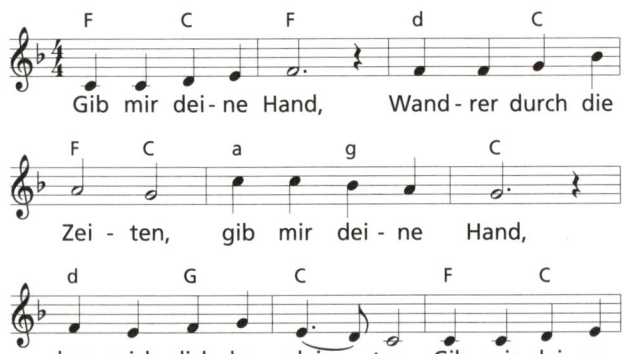

128 Gib mir deine Hand

F C F d C
Gib mir dei - ne Hand, Wand - rer durch die
F C a g C
Zei - ten, gib mir dei - ne Hand,
d G C F C
lass mich dich be - glei - ten. Gib mir dei - ne

Hand, Schwes-ter auf un-se-ren We-gen. Gib mir dei-ne Hand, Bru-der auf schma-len Ste-gen. Gib mir dei-ne Hand, lass uns fest zu-sam-men stehn und da-hin gehn, wo Frie-den wohnt, und da-hin gehn, wo Frie-den wohnt. Gib uns dei-ne Hand, mein Gott,—— schüt-ze uns-re See-len,—— da-mit wir nicht feh-len,—— gib uns dei-ne Hand.

apo III, dann: D A I D I h A I D A I fis e I A I h E I A I D A I D I h A I
A I fis e I A I h E I A I h A I D h I G e I A I G(Fis7) h I e A I fis h I
D I A I h A I D (Fis7) I G e I A h I e I h(Fis7) (h) I G A I D II

: Uwe Seidel; M.: Fritz Baltruweit; aus: „Oekumene heute", Mein Liederbuch 2
echte: tvd-Verlag, Düsseldorf

129 Meine Angst ist wie ein rotes Licht

1. Mei-ne Angst ist wie ein ro-tes Licht,

sie sagt: Halt, wach auf und schla-fe nicht,

du kannst doch die Au-gen nicht schlie-ßen,

wenn Men-schen auf Men-schen schie-ßen! Ich

blei-be nicht stumm, ich blei-be stehn und ich

fra-ge wa-rum und ich fra-ge für wen, jetzt

will ich die Gro-ßen fra-gen, wa-

rum sie das al-les er-tra-gen.

. Meine Angst ist wie ein rotes Licht,
e sagt: Halt, wach auf und schlafe nicht!
u kannst doch den Kopf nicht abwenden,
enn Vögel und Fische verenden.

. Meine Angst ist wie ein rotes Licht,
e sagt: Halt, wach auf und schlafe nicht!
u kannst doch die Luft nicht gebrauchen,
enn zehntausend Schornsteine rauchen.

. Meine Angst ist wie ein rotes Licht,
e sagt: Halt, wach auf und schlafe nicht!
u kannst dich doch nicht einfach fügen,
enn Menschen einander betrügen.

Jürgen Fliege; M.: Christoph Lehmann; aus: „Wie der Angst die Luft ausgeht", 1981
echte: tvd-Verlag, Düsseldorf

130 Trommle, mein Herz

1. d   g   d

Tromm - le, mein Herz, für das Le - ben,

C   d

sin - ge, mein Mund, dem Frie - den.

2. d   g   d

Dass die Er - - de

C   d

hel - ler für al - le wer - de.

T.: Gerhard Schöne; M.: aus Israel (CD)
Rechte: Buschfunk Produktion, Berlin

Vater unser (englisch)

Our Father, who art in heaven
hallowed be thy name.
Thy kingdom come;
Thy will be done on earth as it is in heaven.
Give us this day our daily bread;
and forgive us our trespasses
as we forgive those who trespass against us;
and lead us not into temptation,
but deliver us from evil.
For the kingdom, the power
and the glory are yours, now and for ever.
Amen.

Vater unser (französisch)

Notre père qui est aux cieux,
que ton nom soit sanctifié,
que ton règne vienne,
que ta volonté soit faite sur la terre comme au ciel.
Donne-nous aujourd'hui notre pain de ce jour.
Pardonne-nous nos offenses,
comme nous pardonnons aussi à ceux qui nous ont offensés.
Et ne nous soumets pas à la tentation,
mais délivre-nous du mal.
Car c'est à toi qu'appartiennent le règne, la puissance
et la gloire, pour les siècles des siècles! Amen.

Hevenu schalom 131

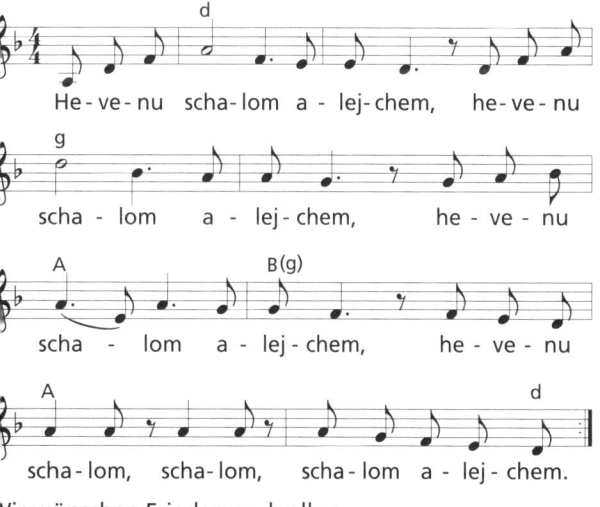

Wir wünschen Frieden euch allen,
wir wünschen Frieden euch allen,
wir wünschen Frieden euch allen,
wir wünschen Frieden, Frieden, Frieden aller Welt.

Capo V, dann: - l a l - l d l - l E l F(d) l E l - a :ll

aus Israel 229

132 Es ist Krieg, wieder Krieg

Es ist Krieg, wie-der Krieg ir-gend-

wo auf die-ser Welt. Män-ner, Frau-en, Kin-der

ster-ben, weil's den Mäch-ti - gen ge-fällt.

Wird es je-mals Frie-den ge-ben, kei-ne

Trä-nen, kei-nen Tod? Al-le Men-schen sol-len

le-ben! Mach was, end-lich, lie-ber Gott!

1. Je-sus sagt: "Ihr könnt was ma-chen,

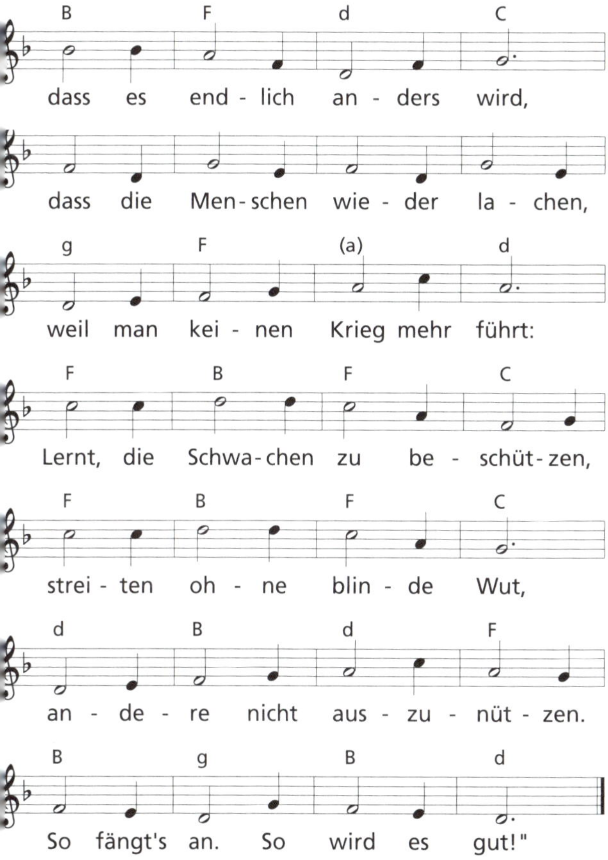
B F d C
dass es end - lich an - ders wird,
dass die Men - schen wie - der la - chen,
g F (a) d
weil man kei - nen Krieg mehr führt:
F B F C
Lernt, die Schwa - chen zu be - schüt - zen,
F B F C
strei - ten oh - ne blin - de Wut,
d B d F
an - de - re nicht aus - zu - nüt - zen.
B g B d
So fängt's an. So wird es gut!"

2. Jesus schenkt uns gern Ideen,
wie man Brot und Hoffnung teilt,
lässt uns sehen und verstehen,
wie man Hass und Ängste heilt.
Alle Menschen hier auf Erden
sind ihm wertvoll – so wie wir.
Dass wir seine Freunde werden,
dafür war er damals hier.

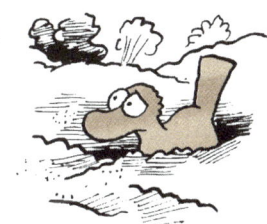

3. Will man, dass wir andre quälen,
rät uns Jesus: „Sagt doch Nein!
Ihr könnt immer selber wählen.
Dazu seid ihr nie zu klein!
Jedes Kind kann Frieden machen,
und ich helfe euch dabei,
denn wenn ihr mit solchen Sachen
zu mir kommt, steh ich euch bei."

4. Jesus sagt: „Glaubt bloß nicht alles,
was das Fernsehn euch erzählt,
was Politiker versprechen,
bloß, dass man sie wieder wählt.
Macht euch lieber selbst Gedanken,
flieht vor fremdem Leiden nicht.
Denn bei Fremden, Armen, Kranken
schaut ihr in mein Angesicht."

5. Jesus sagt: „Nicht Geld und Sachen
sind das Wichtigste der Welt.
Liebe, Freude, Hoffnung, Lachen
gibt's umsonst – weil's mir gefällt,
euch das Wichtigste zu schenken.
Keine Macht der Erde kann –
mag sie noch so sich verrenken –
euch das nehmen, denkt daran!"

Kehrvers am Schluss:

Nie mehr Krieg! Nie mehr Krieg!
Frieden auf der ganzen Welt.
Keiner muss zu früh mehr sterben,
weil's den Mächtigen gefällt.
Einmal wird es Frieden geben,
keine Tränen, keinen Tod!
Alle Menschen sollen leben!
Dazu hilft der liebe Gott.

Capo III, dann: - I h I - I - I - I h e I A h I - D I G h I D I h A I D I h A I
G I e A I G e I A h II D I A I G I D I G I D I h I A I h I A I G I Fis7 I e I D I
(fis) I h I D I G I D I A I D I G I D I A I h I G I h I D I G I e I G I h II

T. und M.: Andreas Ebert
Rechte: Claudius Verlag, München

Herr, mach mich zum Werkzeug deines Friedens,

dass ich Liebe übe, wo man sich hasst,
dass ich verzeihe, wo man sich beleidigt,
dass ich verbinde, wo Streit ist,
dass ich die Wahrheit sage, wo der Irrtum herrscht,
dass ich Hoffnung erwecke, wo die Finsternis regiert,
dass ich Freude bringe, wo die Sorgen wohnen.
Ach Herr, lass mich trachten,
nicht dass ich getröstet werde, sondern dass ich tröste,
nicht dass ich verstanden werde, sondern dass ich verstehe,
nicht dass ich geliebt werde, sondern dass ich liebe.
Denn wer hingibt, der empfängt,
wer sich selbst vergisst, der findet,
wer verzeiht, dem wird verziehen,
und wer stirbt, der erwacht zum ewigen Leben.

Schalom chaverim 133

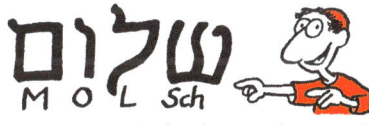

Scha - lom cha - ve - rim, scha - lom cha - ve - rim,

scha - lom, scha - lom, le - hit - ra - ot, le -

hit - ra - ot, scha - lom, scha - lom.

Der Friede des Herrn geleite euch, Schalom, Schalom.
Der Friede des Herrn geleite euch, Schalom, Schalom.

Jüdische Volksweise

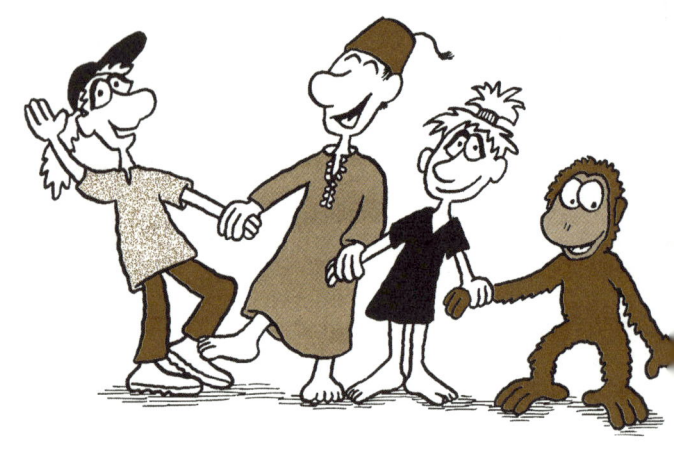

134 Gib uns Frieden jeden Tag

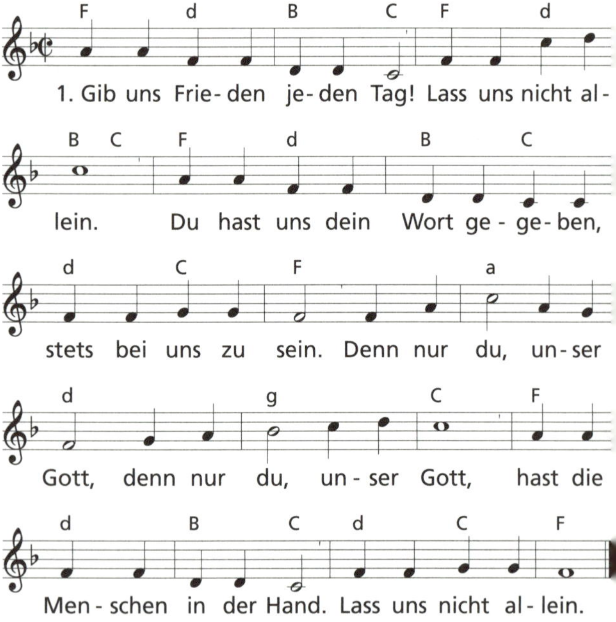
F d B C F d
1. Gib uns Frie- den je- den Tag! Lass uns nicht al-
B C F d B C
lein. Du hast uns dein Wort ge - ge- ben,
d C F a
stets bei uns zu sein. Denn nur du, un- ser
d g C F
Gott, denn nur du, un - ser Gott, hast die
d B C d C F
Men - schen in der Hand. Lass uns nicht al - lein.

2. Gib uns Freiheit jeden Tag! Lass uns nicht allein.
Lass für Frieden uns und Freiheit immer tätig sein.
Denn durch dich, unsern Gott,
denn durch dich, unsern Gott,
sind wir frei in jedem Land. Lass uns nicht allein!

3. Gib uns Freude jeden Tag! Lass uns nicht allein.
Für die kleinsten Freundlichkeiten lass uns dankbar sein.
Denn nur du, unser Gott,
denn nur du, unser Gott,
hast uns alle in der Hand. Lass uns nicht allein!

Capo III, dann: D h I G A I D h I G A I D h I G A I h A I D I fis I h I e I
A I D h I G A I h A I D II

T.: Kurt Rommel/Rüdeger Lüders; M.: Rüdeger Lüders
Rechte: Gustav Bosse Verlag / © Bärenreiter-Verlag, Kassel

Gottes bunter Garten

Am ersten Sonntag im Oktober schaut es in unserer Kirche anders aus als sonst. Auf dem Altar liegen ein großer Laib Brot und Weintrauben. Weizenhalme stehen in einer Vase. Auf dem Boden sind Körbe voller Obst und Gemüse. Ein großer Kürbis liegt da und auch andere Lebensmittel: Nudeln, Kekse, Schokolade. All das haben die Leute in die Kirche gebracht, um Gott Danke zu sagen. Denn Gott ist es, der die Pflanzen wachsen lässt, so dass Menschen und Tiere genug zu essen haben. Er schenkt uns, was wir zum Leben brauchen. Für das große Geschenk des Lebens bedanken wir uns am Erntedanktag. Danken und Teilen gehören aber zusammen. Deshalb werden nach dem Gottesdienst die gespendeten Früchte und Lebensmittel verschenkt an Leute, die weniger haben – zum Beispiel in einem Kinderheim oder einer Asylbewerber-Unterkunft.

Alles kommt von dir 135

Al-les kommt von dir: Er-de, Son-ne, Re-gen;

dass wir da-von le-ben, da-für dan-ken wir.

Capo I, dann: II: E A(6) I E A(6) I E A(6) I E A(6) :II
oder Capo III, dann: II: D G(6) I D G(6) I D G(6) I D G(6) :II

T.: Gruppe Liturgie 1985; M.: Bernd Schlaudt
Rechte: Bernd Schlaudt

Kleine Erde

Die Welt ist groß.
Die Erde ist bloß ganz klein.
Sieh in den Himmel hinein,
wenn es klar ist und dunkel:
Das Sternengefunkel
erzählt dir von Weiten und Ewigkeiten.
Michael Kumpe

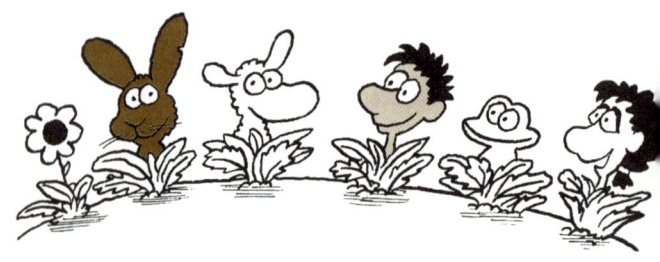

136 Gottes bunter Garten

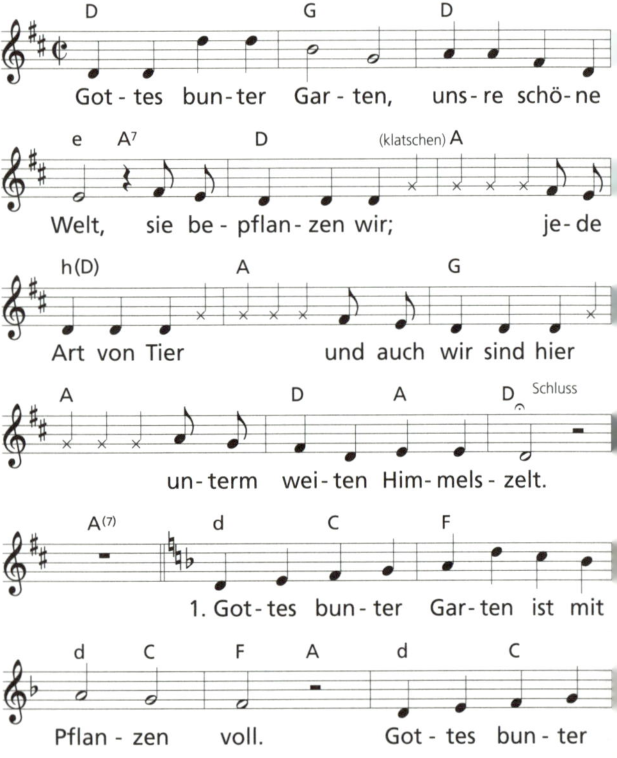
D G D
Got - tes bun - ter Gar - ten, uns - re schö - ne
e A7 D (klatschen) A
Welt, sie be - pflan - zen wir; je - de
h(D) A G
Art von Tier und auch wir sind hier
A D A D Schluss
un - term wei - ten Him - mels - zelt.
A(7) d C F
1. Got - tes bun - ter Gar - ten ist mit
d C F A d C
Pflan - zen voll. Got - tes bun - ter

Gar - ten ist mit Pflan - zen voll.

Bun - te Blu - men blü - hen, und Schat - ten

gibt ein Baum. Ro - sen - sträu - cher piek -

sen, doch mich, mich stört das kaum.

2. Gottes bunter Garten ist mit Tieren voll.
Gottes bunter Garten ist mit Tieren voll.
Seht die Würmer kriechen, die Vögel in der Höh,
leise schleicht die Katze, das Fischlein schwimmt im See.

3. Gottes bunter Garten ist mit Menschen voll.
Gottes bunter Garten ist mit Menschen voll.
Vater liest die Zeitung, und unsre Mutter gießt,
alle Kinder tanzen, weil jeder es genießt.

4. Gottes bunter Garten ist auch voll Musik.
Gottes bunter Garten ist auch voll Musik.
Vater spielt Trompete, und unsre Mutter geigt,
alle Kinder singen, dass es zum Himmel steigt.

T. und M.: Andreas Hantke; aus: „DUWIEDAVID" (CD)
Rechte: Strube Verlag GmbH, München

Kein Tierlein ist auf Erden

dir, lieber Gott, zu klein.
Du lässt sie alle werden,
und alle sind sie dein.
Clemens Brentano

137 Regenbogen, Regenbogen

Re-gen-bo-gen, Re-gen-bo-gen, sie-ben
Far-ben hat dein Licht, wenn im Re-gen-trop-fen-
pris-ma sich das Licht der Son - ne bricht.

1. Li-la wie Veil-chen und rot wie der Wein,
gelb und o-range wie der Herbst-son-nen-schein,
grün wie ein Früh-lings-feld und him-mel-blau
und vi-o-lett noch, die Far-be der Frau.

2. Kunterbunt hat Gott die Schöpfung gemacht –
und dabei selber bestimmt oft gelacht:
Winzig das Würmchen und riesig den Wal,
witzig den Affen und glitschig den Aal.

3. Und alle Pflanzen: Gebüsche und Moos,
Algen und Farne, Narzisse und Ros',
Kaktus und Enzian, Eiche und Palm'
und grünes Gras für die Kuh auf der Alm.

4. Milchstraßen, Sonnen, den Mond in der Nacht,
alle Planeten hat Gott sich erdacht,
Abermillionen von Sternen im All
und den Komet über Bethlehems Stall.

5. Kohle und Silber und Sand und Gestein,
Same für Baum, Tier und Mensch, klitzeklein,
Erde und Feuer und Wasser und Luft,
Schwefelgestank und Geranienduft.

6. Schwarz sind die Menschen und gelb, rot und weiß,
kalt ist's am Nordpol, in Afrika heiß.
Junge und Alte gibt's, Männer und Fraun.
Gott freut sich, wenn wir uns alle vertraun.

7. Jede und jeder trägt Gottes Gesicht.
Tief in der Seele erstrahlt Gottes Licht.
Alle sind anders, und doch sind wir eins.
Gott hat ein jedes gemacht wie sonst keins.

T. u. M.: Andreas Ebert
Rechte: Claudius Verlag, München

138 Eine Handvoll Erde

1. Mit der Er - de kannst du spie - len, spie - len wie der Wind im Sand, und du baust in dei - nen Träu - men dir ein bun - tes Träu - me - land. Mit der Er - de kannst du bau - en, bau - en dir ein schö - nes Haus, doch du soll - test nie ver - ges - sen: Ein - mal ziehst du wie - der aus. Ei - ne Hand - voll Er - de, schau sie dir an. Gott sprach einst: Es wer - de!

Den - ke da - ran. Ei - ne Hand - voll

Er - de, schau sie dir an. Gott sprach

einst: Es wer - de! Den - ke da - ran.

2. Auf der Erde kannst du stehen –
stehen, weil der Grund dich hält,
und so bietet dir die Erde
einen Standpunkt in der Welt.
In die Erde kannst du pflanzen –
pflanzen einen Hoffnungsbaum,
und er schenkt dir viele Jahre
einen bunten Blütentraum.

3. Auf der Erde darfst du leben –
leben ganz und jetzt und hier,
und du kannst das Leben lieben,
denn der Schöpfer schenkt es dir.
Unsre Erde zu bewahren –
zu bewahren das, was lebt,
hat Gott dir und mir geboten,
weil er seine Erde liebt.

T.: Reinhard Bäcker; M.: Detlev Jöcker,
aus Buch, CD und MC: Viele kleine Leute
Rechte: Menschenkinder Verlag und Vertrieb GmbH,
Münster c/o Melodie der Welt GmbH & Co, KG,
Frankfurt/Main

Spielen

Lieber Gott! Es ist schön, dass das Leben nicht nur aus Arbeit
besteht. Ich spiele gern mit anderen Kindern.
Ganz toll ist es, wenn auch meine Mutti und mein Papa Zeit
haben, mit mir zu spielen. Wenn ich beim Spielen gewinne, ist
das spitze. Verlieren ist nicht so schön.
Muss eigentlich immer jemand gewinnen und jemand verlieren? 243

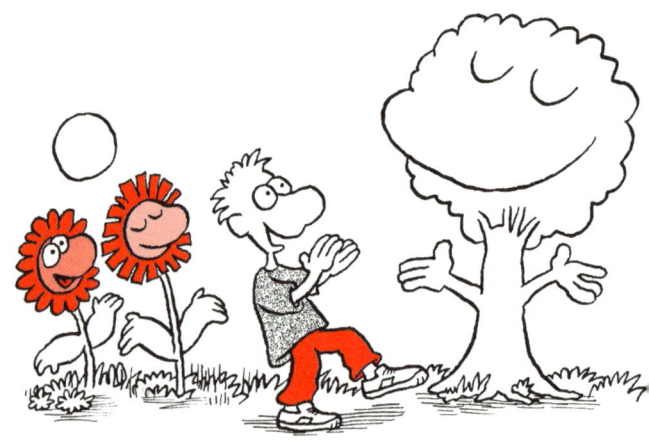

139 Geh aus, mein Herz, und suche Freud

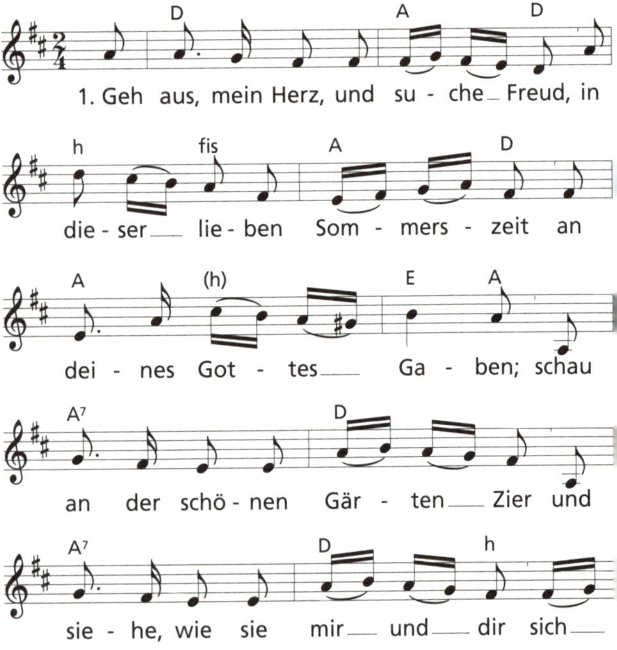
D A D
1. Geh aus, mein Herz, und su - che Freud, in
h fis A D
die - ser lie - ben Som - mers - zeit an
A (h) E A
dei - nes Got - tes Ga - ben; schau
A7 D
an der schö - nen Gär - ten Zier und
A7 D h
sie - he, wie sie mir und dir sich

aus - ge - schmü - cket _____ ha - ben, sich

aus - ge - schmü - cket _____ ha - ben.

2. Die Bäume stehen voller Laub,
das Erdreich decket seinen Staub
mit einem grünen Kleide;
Narzissus und die Tulipan,
die ziehen sich viel schöner an
als Salomonis Seide, als Salomonis Seide.

3. Die Lerche schwingt sich in die Luft,
das Täublein fliegt aus seiner Kluft
und macht sich in die Wälder;
die hochbegabte Nachtigall
ergötzt und füllt mit ihrem Schall
Berg, Hügel, Tal und Felder,
Berg, Hügel, Tal und Felder.

4. Ich selber kann und mag nicht ruhn,
des großen Gottes großes Tun
erweckt mir alle Sinnen;
ich singe mit, wenn alles singt
und lasse, was dem Höchsten klingt
aus meinem Herzen rinnen,
aus meinem Herzen rinnen.

5. Mach in mir deinem Geiste Raum,
dass ich dir werd ein guter Baum,
und lass mich Wurzel treiben.
Verleihe, dass zu deinem Ruhm
ich deines Gartens schöne Blum
und Pflanze möge bleiben,
und Pflanze möge bleiben.

Capo II, dann: C I G C I a e I G C I G (a) I D G I G7 I C I G7 I C a I
e (d) I G C I F d I G C II

T.: Paul Gerhardt; M.: August Harder, vor 1813

Als Gott die Welt erschuf, hatte er Fantasie im Übermaß: Er dachte sich das Universum aus mit all seinen Galaxien und Sternen und Planeten. Und er stellte sich die Erde vor mit ihren Ländern und Wüsten und Bergen, mit Meeren, Seen und Flüssen, mit Regen und Sonnenschein, Sturm und Gewitter. Geduldig sah er zu, wie auf der Erde immer neues Leben entsteht: Farne und Gräser, Büsche und Bäume, winzig kleine Einzeller und riesengroße Dinosaurier, Vögel und Fische, Ponys und Kaninchen, Babys und Kinder und Eltern und Omas und Opas.

Menschen haben nicht ganz so viel Fantasie. Sie lassen sich einfachere Sachen einfallen, Spaghetti zum Beispiel. Und weil sie nicht warten können, bis etwas von selbst entsteht, haben sie zwei Hände, um Häuser zu bauen, Gärten anzulegen, Kranke zu versorgen oder eben Spaghetti zu machen. Wenn es ihnen dann schmeckt, freut sich Gott darüber ebenso wie über die ganze Schöpfung. Denn bei Gott ist alle Freude vollkommen.

Dietrich Voorgang

140 Alle guten Gaben

Al-le gu-ten Ga-ben, al-les, was wir ha-ben, kommt, o Gott, von dir, wir dan-ken dir da-für.

T.: Volksspruch; M.: Paul Ernst Ruppel
Rechte: Schott Music GmbH & Co. KG, Mainz/Voggenreiter Verlag, Bonn

Seht das große Sonnenlicht

141

1. Seht das gro - ße Son - nen - licht,
wie es durch die Wol - ken bricht!
Auch der Mond, die Ster - nen - pracht
lo - ben Gott in dunk - ler Nacht.

2. Seht der Wasserwellen Lauf,
wie sie steigen ab und auf.
Von der Quelle bis zum Meer
rauschen sie des Schöpfers Ehr.
Von der Quelle bis zum Meer
rauschen sie des Schöpfers Ehr.

3. Ach mein Gott, wie wunderbar
nimmt dich meine Seele wahr.
Präg es tief in meinen Sinn,
was du bist und was ich bin!
Präg es tief in meinen Sinn,
was du bist und was ich bin!

Capo II, dann: C I F (G) a I C I F (G) a II: e I a I F I d I e I a I F I C :II

T.: Joachim Neander 1650–1680; M.: Rolf Schweizer
Rechte: Bärenreiter Verlag, Kassel

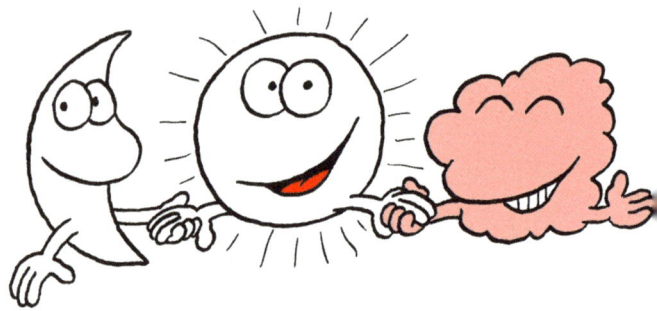

142 Segne uns mit der Weite des Himmels

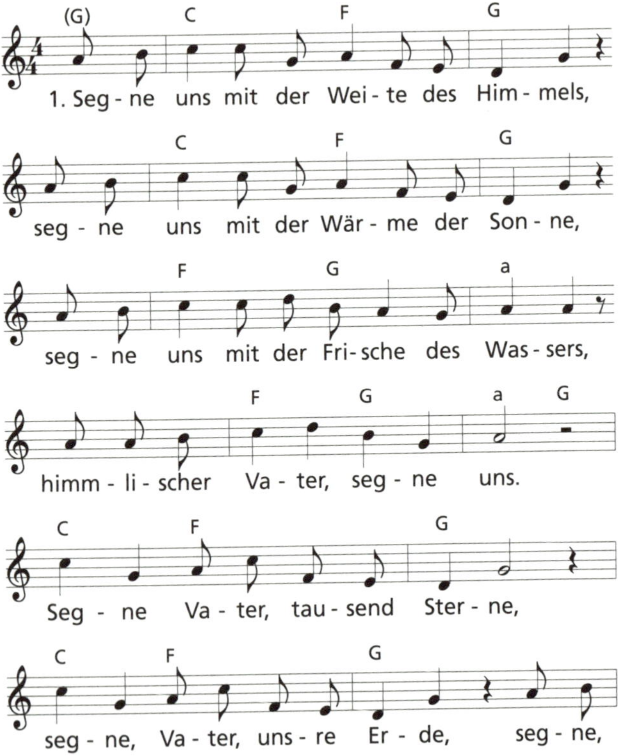
(G) C F G
1. Seg - ne uns mit der Wei - te des Him - mels,
C F G
seg - ne uns mit der Wär - me der Son - ne,
F G a
seg - ne uns mit der Fri - sche des Was - sers,
F G a G
himm - li - scher Va - ter, seg - ne uns.
C F G
Seg - ne Va - ter, tau - send Ster - ne,
C F G
seg - ne, Va - ter, uns - re Er - de, seg - ne,

Va - ter, Meer und Land, seg - ne,

Va - ter, Herz und Hand.

2. Segne uns mit dem Rauschen der Wälder,
segne uns mit der Ernte der Felder,
segne uns mit der Kraft der Tiere,
himmlischer Vater, segne uns.
Segne, Vater, tausend Sterne,
segne, Vater, unsre Erde,
segne, Vater, Meer und Land,
segne, Vater, Herz und Hand.

3. Segne uns mit den Träumen der Kinder,
segne uns mit der Liebe der Eltern,
segne uns mit den Geschichten der Alten,
himmlischer Vater, segne uns.
Segne, Vater, tausend Sterne,
segne, Vater, unsre Erde,
segne, Vater, Meer und Land,
segne, Vater, Herz und Hand.

T.: Kinderkirchentags-Team; M.: Peter Janssens; aus: Kurs:
Gottes Erde,1985; Rechte: Peter Janssens Musik Verlag, Telgte

Du bist um uns her

Wir glauben an dich, Gott,
der alles erschaffen hat,
alles erdacht und erfunden in der ganzen Welt.
Du bist bei uns und um uns her bei Tag und Nacht.
Du hast die Sonne gemacht,
den Mond und die Sterne,
die Wolken und den blauen Himmel.
Du hast uns Kindern unseren Vater gegeben
und unsere Mutter. Wir alle gehören dir.
Du bist bei uns und um uns her
bei Nacht und bei Tag, Gott im Himmel.
Heidi und Jörg Zink

143 Er hält die ganze Welt

1. Er hält die gan-ze Welt in sei-ner Hand, er hält die gan-ze wei-te Welt in sei-ner Hand, er hält die gan-ze Welt in sei-ner Hand, er hält die Welt in sei-ner Hand.

2. Er hält den Tag und die Nacht in seiner Hand,
er hält die Erde und den Himmel in seiner Hand,
er hält das Land und das Meer in seiner Hand,
er hält die Welt in seiner Hand.

3. Er hält die Sonne und den Mond in seiner Hand,
er hält den Wind und den Regen in seiner Hand,
er hält den großen Regenbogen in seiner Hand,
er hält die Welt in seiner Hand.

4. Er hält die Bäume und die Büsche in seiner Hand,
er hält die Tiere auf dem Felde in seiner Hand,
er hält die Vögel und die Blumen in seiner Hand,
er hält die Welt in seiner Hand.

5. Er hält den Vater und die Mutter in seiner Hand,
er hält den Bruder und die Schwester in seiner Hand,
er hält das süße kleine Baby in seiner Hand,
er hält die Welt in seiner Hand.

6. Er hält auch dich und mich, mein Bruder,
in seiner Hand,
er hält auch dich und mich, mein' Schwester,
in seiner Hand,
er hält auch euch, meine Freunde, in seiner Hand,
er hält die Welt in seiner Hand.

Englischer Text:

1. He's got the whole world in his hand,
he's got the whole wide world in his hand,
he's got the whole world in his hand,
he's got the whole world in his hand.

2. He's got the night and the day in his hand,
he's got the earth and the sky in his hand,
he's got the land and the sea in his hand,
he's got the whole world in his hand.

3. He's got the sun and the moon in his hand,
he's got the wind and the rain in his hand,
he's got the springs and the falls in his hand,
he's got the whole world in his hand.

4. He's got the birds on the trees in his hand,
he's got the snakes and the bees in his hand,
he's got the flowers on the ground in his hand,
he's got the creatures in his hand.

5. He's got my father and my mother in his hand,
he's got my brother and my sister in his hand,
he's got the tiny little baby in his hand,
he's got the whole world in his hand.

6. He's got you and me brother in his hand,
he's got you and me sister in his hand,
he's got you and me friend in his hand,
he's got you and me in his hand.

Capo III, dann: - I D I - I A(7) I - I D I - I A(7) I D II

Verfasser unbekannt

144 Planetenlied

D   A   G   D   h   A

Wie die Pla - ne - ten um die Son - ne

D   (D⁷)   G   A   D   h

krei - sen, kreist un - ser Le - ben um

G   h   A⁷   D   D   A

Gott, zu dem wir be - ten. 1. Mer - kur,

h   fis   G   e   A

Bo - te, Tem - po, Witz und Geist,

G   A   D   h

bringst fro - he Bot - schaft, die

G   e   A   (A⁷)

Se - gen ver - heißt.

2. Venus, Liebe, heiß wie ein Vulkan,
Hitze, Rauch und Feuer, so fängt Leben an.

3. Erde, Leben, Wasser, Luft und Land,
unsere Heimat ruht in Gottes Hand.

4. Mars, Krieger, Freiheit, Kampf und Mut,
Berge und Schluchten, strahlend rot wie Blut.

5. Jupiter, Riese, Würde, Stolz und Kraft,
lobst Gott, den Herren, der alles schafft.

6. Saturn, ewig, unendlich weit,
ziehn deine Ringe durch Raum und Zeit.

7. Uranus, Ruhe, lautlos und stumm,
tanzt du dein Loblied um uns herum.

8. Neptun, Zauber, Fantasie und Macht,
siehst du mitten im Dunkel den Rand der Nacht.

9. Pluto, Kälte, Grenze unsrer Welt,
unendliche Weite, die Gott zusammenhält.

T. und M.: Werner Tiki Küstenmacher (CD)
Rechte: Claudius Verlag, München

Die Schnecke hat ihr Haus,

ihr Fellchen hat die Maus,
der Sperling hat die Federn fein,
der Falter schöne Flügelein.
Nun sage mir, was hast denn du?
Ich habe Kleider und auch Schuh
und Vater und Mutter
und Lust und Leben –
das hat mir der liebe Gott gegeben.
Wilhelm Hey

Der Baum

Zu fällen einen schönen Baum
braucht's eine halbe Stunde kaum.
Zu wachsen, bis man ihn bewundert,
braucht er, bedenk es, ein Jahrhundert.
Eugen Roth

Du bist da, wo Menschen wohnen

Der Tageslauf und der Jahreslauf sind wie Kreise, die sich dauernd wiederholen. Der Lebenslauf und der Lauf der Welt gleichen eher einem Weg mit einem Anfang, einer Mitte und einem Ziel. Bevor es das Weltall gegeben hat, war Gott da. Gott hat gesprochen – und die Sonnen und Planeten sind entstanden.

Gott hat gesprochen – und das Leben regte sich. Gott hat gesprochen – und du warst da und ich.

Wir sind da, weil Gott da ist. Am Ende der Welt wird Gott immer noch da sein – und wir werden Gott sehen und ihn loben. Zwischen Anfang und Ende liegen Milliarden von Jahren. In diesen Milliarden von Jahren kommt auch unser Leben vor. Mein Lebenslauf, jeder Jahreslauf und jeder Tageslauf ist Teil der großen Weltgeschichte.

Gott, du bist groß 145

Kehrvers

Gott, du bist groß, Gott, du bist gut, lässt uns nicht los und machst uns Mut.

1. Grö - ßer und hel - ler als das Son - nen - licht Got - tes Licht die Fins - ter - nis durch - bricht.

2. Leiser und zarter als ein sanfter Wind,
Gott ist um uns, wo wir immer sind.

T. und M.: Wolfgang Longardt
Rechte: Rechtsnachfolge Wolfgang Longardt

146

**Gottes Liebe
ist so wunderbar**

1. Got-tes Lie-be__ ist__ so wun-der-bar,
Rock my soul in the bo-som of A-bra-ham,

Got-tes Lie-be__ ist__ so wun-der-bar,
rock my soul in the bo-som of A-bra-ham,

Got-tes Lie-be__ ist__ so wun-der-bar,
rock my soul in the bo-som of A-bra-ham,

so wun-der-bar groß.
oh rock-a my soul!

So hoch,__ was kann hö-her sein;
So high, you can't get o-ver it;

so tief,__ was kann tie-fer sein;
so low, you can't get un-der it;

so weit,__ was kann wei-ter sein?
so wide, you can't get a-round;

So wun-der-bar groß!
oh rock-a my soul!

Gottes Güte ist so wunderbar ...

Gottes Gnade ist so wunderbar ...

Gottes Treue ist so wunderbar ...

Gottes Hilfe ist so wunderbar ...

ch dem Spiritual „Rock my soul"; deutsche Fassung mündlich überliefert;
s: „Feiert Gott in eurer Mitte"

Gott, du bist uns Vater und Mutter,

enn du warst vor uns da und hast uns geschaffen,
u bist um uns und beschützt unseren Weg.
ie Eltern werden uns einmal verlassen.
u aber bleibst bis ans Ende der Zeit.

ott, du bist uns Bruder und Freund,
enn durch Jesus warst du bei uns auf der Erde.
u warst ein Baby, ein Junge, ein Mann,
ast als Mensch gelebt, bist als Mensch gestorben.
u weißt, wie es um uns Menschen steht.

ott, du bist gewaltige Energie,
in Feuer, das verbrennt und reinigt und wärmt,
in Wind, der die Blume streichelt und den Felsen zerklüftet,
u bist Freude und Kraft und Mut und Gemeinschaft.
u bist unter uns als Heiliger Geist.

257

147 Du bist da, wo Menschen leben

1. Du bist da, wo Men-schen le - ben,

du bist da, wo Le - ben ist;

du bist da, wo Men-schen le - ben,

du bist da, wo Le - ben ist.

2. Du bist da, wo Menschen hoffen,
du bist da, wo Hoffnung ist.

3. Du bist da, wo Menschen lieben,
du bist da, wo Liebe ist.

1. C   a   F   G

4. Hal - le - lu - ja,   hal - le - lu - ja,

2. C   a   F   G

hal - le - lu - ja,   hal - le - lu - ja,

3. C   a   F   G

hal - le - lu - ja,   hal - le - lu - ja,

4. C   a   F   G

hal - le - lu - ja,   hal - le - lu - ja.

und M.: Detlev Jöcker
s: Buch, CD und MC: „Das Liederbuch zum Umhängen 1"
echte: Menschenkinder Verlag und Vertrieb GmbH, Münster
o Melodie der Welt GmbH & Co, KG, Frankfurt/Main

Gott spricht zu uns die ganze Zeit,

mal sanft, mal hart – man achtet nur nicht drauf.
ur Nachtzeit, wenn die Menschen schlafen,
n tiefem Schlummer auf den Betten liegen,
ann redet Gott durch Träume und durch Bilder.
r öffnet ihre Ohren, dass sie hören.
Mit Nachdruck warnt er sie vor falschem Tun,
amit er sie vom Bösen abbringt
nd sie nicht eingebildet sind.

ob 33,14–17

148

Ich spüre deinen Atem

pfeifen
instrume

1. Ich spü - re dei - nen A - tem.
Ein Lüft - chen strei - che
mir die Haut, ganz fein und zart, ganz
warm und sanft. Da weiß ich gleich:
Du bist bei mir.

2. Ich höre, wie dein Herz klopft.
Ein Gluckern und Rauschen umspielt leis mein Ohr,
von Bächen und Pfützen, von Blättern und Zweigen.
Da weiß ich gleich, du bist bei mir.

3. Ich lausche deinem Singen
aus tausend Vogelschnäbelein.
Das zirpt und quietscht, das singt und kräht,
da weiß ich gleich, du bist bei mir.

4. Ich fühle deine Stille,
so wie sie schwingt und tanzt und kreist
am großen, weiten Himmelszelt.
260 Da weiß ich gleich, du bist bei mir.

. Ich spüre meinen Atem,
ie Luft, die meinen Bauch erfüllt;
as Ein und Aus, ganz tief, ganz leicht.
a weiß ich gleich, du bist bei mir.

Klaus Bastian; M.: Bernd Schlaudt
echte: bei den Autoren

Gottes Wort ist wie Licht in der Nacht — 149

Got - tes Wort ist wie Licht in der

Nacht; es hat Hoff - nung und Zu - kunft ge -

bracht, es gibt Trost, es gibt Halt in Be -

dräng - nis, Not und Ängs - ten, ist wie ein

Stern in der Dun - kel - heit.

Pfarrer Hans-Hermann Bittger; M.: Kanon für zwei Stimmen: Josef Jacobsen (1935) (CD)
xtrechte: Bistum Essen; Melodierechte: Rechtsnachfolger des Urhebers

150 Kindermutmachlied

La-la-la - la-la, la-la-la - la-la, la-la-la

la-la-la-la - la-la-la, la-la-la - la-la, la-la-la

la-la, la-la-la - la-la-la-la - la. 1. Wenn

ei - ner sagt: "Ich mag dich, du; ich find dich

ehr - lich gut!", dann krieg ich ei - ne

Gän - se - haut und auch ein biss - chen Mut.

2. Wenn einer sagt: „Ich brauch dich, du;
ich schaff es nicht allein.",
dann kribbelt es in meinem Bauch,
ich fühl mich nicht mehr klein.

3. Wenn einer sagt: „Komm, geh mit mir;
zusammen sind wir was!",
dann werd ich rot, weil ich mich freu,
dann macht das Leben Spaß.

4. Gott sagt zu dir: „Ich hab dich lieb.
Ich wär so gern dein Freund!
Und das, was du allein nicht schaffst,
das schaffen wir vereint."

Capo III, dann: D I e I D I A I D I e I D I A I D I - A I D (h) I G A I D I
G A I D(h) (D) I G A I D II

T und M.: Andreas Ebert (CD)
Rechte: SCM Hänssler, D-71087 Holzgerlingen

151

Ins Wasser fällt ein Stein

1. Ins Was-ser fällt ein Stein, ganz heim-lich, still und lei-se, und ist er noch so klein, er zieht doch wei-te Krei-se. Wo Got-tes gro-ße Lie-be in ei-nen Men-schen fällt, da wirkt sie fort, in Tat und Wort, hi-naus in uns-re Welt.

2. Ein Funke, kaum zu sehn,
entfacht doch helle Flammen;
und die im Dunkeln stehn,
die ruft der Schein zusammen.
Wo Gottes große Liebe in einem Menschen brennt,
da wird die Welt vom Licht erhellt,
264 da bleibt nichts, was uns trennt.

3. Nimm Gottes Liebe an!
Du brauchst dich nicht allein zu mühn,
denn seine Liebe kann
in deinem Leben Kreise ziehn.
Und füllt sie erst dein Leben und setzt sie dich in Brand,
gehst du hinaus, teilst Liebe aus,
denn Gott füllt dir die Hand.

Capo II, dann:
· l C l e l F l G l C l e l F l G l F G l C l d G l e a l d a l d C l d G l C ll

Originaltitel: Pass It On. T. und M.: Kurt Kaiser, Dt. T.: Manfred Siebald
Rechte: © 1969 Bud John Songs, Für D, A, CH: Universal Music Publishing, Berlin

Es gibt verschiedene Gaben

– aber derselbe Geist verteilt sie.
Es gibt viele Aufgaben – aber derselbe Herr beauftragt uns.
Es gibt verschiedene Begabungen – aber derselbe Gott schafft
sie alle.
1. Korinther 12,4–6

152 Meinem Gott gehört die Welt

1. Mei - nem Gott ge - hört die Welt,
mei - nem Gott das Him - mels - zelt,
ihm ge - hört der Raum, die Zeit,
sein ist auch die E - wig - keit.

2. Und sein eigen bin auch ich.
Gottes Hände halten mich
gleich dem Sternlein in der Bahn;
keins fällt je aus Gottes Plan.

3. Täglich gibt er mir das Brot,
täglich hilft er in der Not,
täglich schenkt er seine Huld
und vergibt mir meine Schuld.

4. Lieber Gott, du bist so groß,
und ich lieg in deinem Schoß
wie im Mutterschoß ein Kind;
Liebe deckt und birgt mich lind.

5. Leb ich, Gott, bist du bei mir,
sterb ich, bleib ich auch bei dir,
und im Leben und im Tod
bin ich dein, du lieber Gott.

Capo II, dann: C F l G C l e a l d G l d e l a G l e d l G C ll

T.: Arno Pötzsch; M.: Christian Lahusen
Rechte: Bärenreiter Verlag, Kassel

Gottes Liebe ist wie die Sonne

153

a | E⁷ | a | E⁷

Got - tes Lie - be ist wie die Son - ne, sie ist

a | E⁷ | a | F

im - mer und ü - ber - all da.

1. Streck dich
2. Sie kann

G | a | E⁷ a | E⁷ | F

ihr ent - ge - gen, nimm sie
dich ver - än - dern, macht das

G | a | E⁷ | fis⁷ E E⁷ | F

in dich auf. *folgt Refr.* 3. Mag auch
Le - ben neu. *folgt Refr.* 4. Gib die

G | a | E⁷ a E⁷ | F

man - che Wol - ke zwi - schen dir und
Lie - be wei - ter auch an den, der

G | a | E⁷ fis⁷ E E⁷

Got - tes Lie - be stehn: *folgt Refr.*
dich nicht lie - ben will. *folgt Refr.*

T. und M.: Die Rufer 1970
Rechte: Verlag Singende Gemeinde, Wuppertal

154 **Mein Gott ...**

1. Bist du ein Haus aus di-cken Stei-nen mit

Fens-ter und mit ei-nem Dach? Gibst

du den Gro-ßen und den Klei-nen stets

ein Zu-hau-se Tag und Nacht? Gibst

du den Gro-ßen und den Klei-nen stets

ein Zu-hau-se Tag und Nacht?

Kehrvers (Melodie wie Strophe 1):

Mein Gott! Ich kann dich gar nicht sehen,
und doch sagst du: Ich bin bei dir.
Mein Gott! Wie soll ich das verstehen?
Ich bitte dich: Komm, zeig es mir!
Mein Gott! Wie soll ich das verstehen?
Ich bitte dich: Komm, zeig es mir!

2. Bist du ein Lied, das alle singen,
weil seine Melodie so schön,
bei dem wir lachen, tanzen, springen
und lauter gute Dinge sehn,
bei dem wir lachen, tanzen, springen
und lauter gute Dinge sehn?

3. Bist du ein Licht mit bunten Strahlen,
das meinen dunklen Weg erhellt?
Kann ich dich wie die Sonne malen,
die morgens in mein Zimmer fällt,
kann ich dich wie die Sonne malen,
die morgens in mein Zimmer fällt?

4. Bist du ein Schiff mit starken Masten,
das auch im größten Sturm nicht sinkt
und allen, die in Angst geraten,
die wunderbare Rettung bringt,
und allen, die in Angst geraten,
die wunderbare Rettung bringt?

5. Bist du ein Freund, dem ich vertraue
und dem ich alles sagen kann,
mit dem ich eine Bude baue
und über Mauern springen kann,
mit dem ich eine Bude baue
und über Mauern springen kann?

6. Bist du wie eine Kuscheldecke?
Ich kuschel mich in sie hinein.
Und wenn ich in der Decke stecke,
dann schlaf ich ganz zufrieden ein,
und wenn ich in der Decke stecke,
dann schlaf ich ganz zufrieden ein.

7. Mein Gott! Ich kann dich gar nicht sehen,
und doch sagst du: Ich bin bei dir.
Mein Gott! Wie soll ich das verstehen?
Ich bitte dich: Komm, zeig es mir!
Mein Gott! Wie soll ich das verstehen?
Ich bitte dich: Komm, zeig es mir!

T.: Reinhard Bäcker; M.: Detlev Jöcker
aus: Buch, CD und MC „Viele kleine Leute"
Rechte: Menschenkinder Verlag und Vertrieb GmbH,
Münster c/o Melodie der Welt GmbH & Co, KG,
Frankfurt/Main

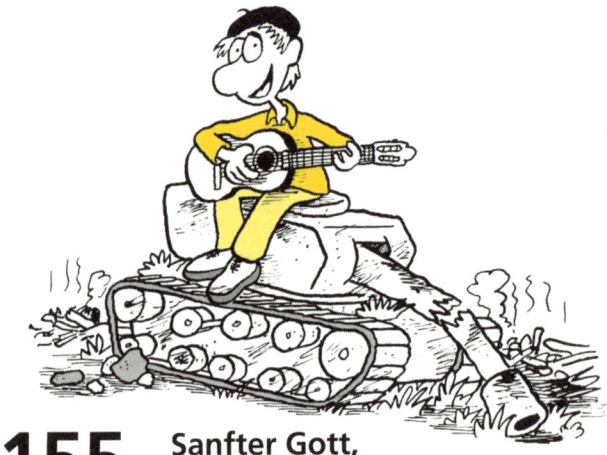

155 Sanfter Gott, wir loben dich

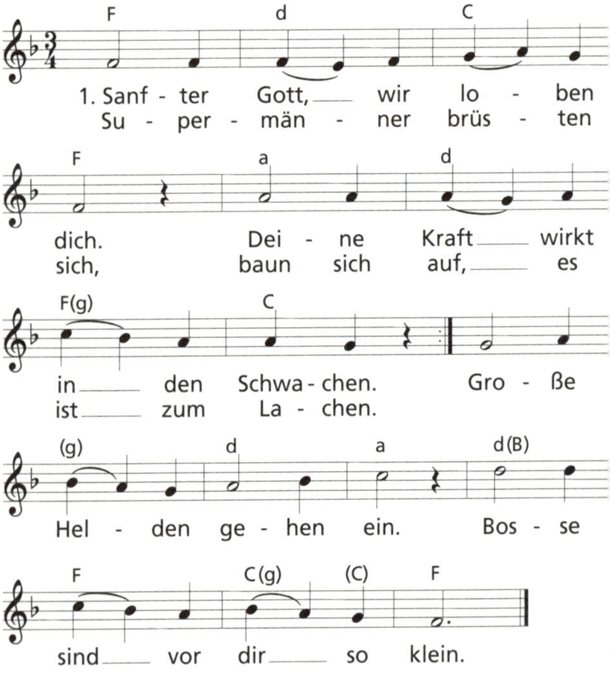
F d C F a d F(g) C (g) d a d(B) F C(g) (C) F
1. Sanf - ter Gott, wir lo - ben dich. Dei - ne Kraft wirkt in den Schwa - chen.
Su - per - män - ner brüs - ten sich, baun sich auf, es ist zum La - chen.
Gro - ße Hel - den ge - hen ein. Bos - se sind vor dir so klein.

2. Prominente, Megastars
sind nach kurzer Zeit vergessen,
ihre Porsche, Jaguars
morgen schon von Rost zerfressen.
Jets und Panzer gehn entzwei.
Vor dir schweigt das Kriegsgeschrei.

3. Wolkenkratzer fallen um
durch ein kurzes Erdenbeben.
Wissenschaftler sind so dumm,
wolln sie sich vor dir erheben.
Unser Stolz und unsre Pracht
gehn vorüber über Nacht.

4. Feuer, Erde, Wasser, Wind,
Vogelschwärme und Delphine,
Mann und Maus und Frau und Kind,
Wüste, Staubkorn und Lawine,
Mond und Sterne, Tag und Nacht
sind von deiner Hand gemacht.

5. Gott, dein Atem ist so groß,
und er haucht in Steine Leben.
Fruchtbar ist dein Mutterschoß.
Du kannst nehmen, du kannst geben.
Du erhältst uns lebenslang.
Nichts als Staunen mein Gesang.

T.: Gerhard Schöne; M.: aus Wien 1774
Rechte: Buschfunk Produktion, Berlin

156 Nun danket alle Gott

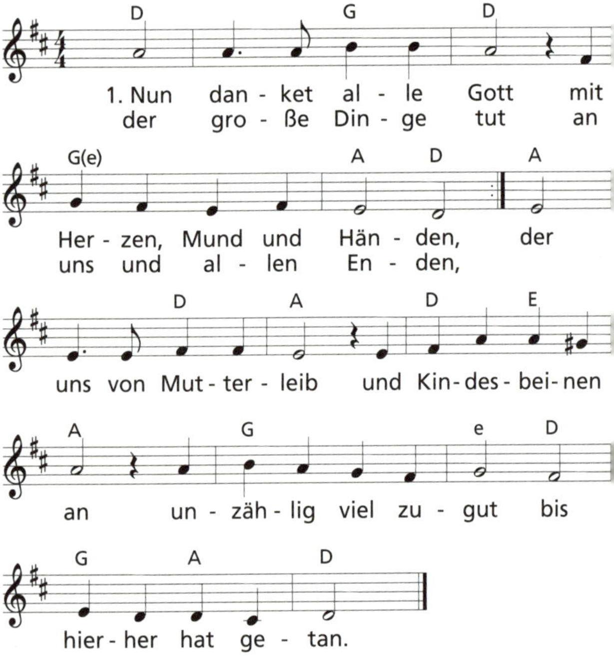
D G D
1. Nun dan - ket al - le Gott mit
der gro - ße Din - ge tut an
G(e) A D A
Her - zen, Mund und Hän - den, der
uns und al - len En - den,
D A D E
uns von Mut - ter - leib und Kin - des - bei - nen
A G e D
an un - zäh - lig viel zu - gut bis
G A D
hier - her hat ge - tan.

2. Der ewigreiche Gott woll uns bei unserm Leben
ein immer fröhlich Herz und edlen Frieden geben
und uns in seiner Gnad erhalten fort und fort
und uns aus aller Not erlösen hier und dort.

3. Lob, Ehr und Preis sei Gott dem Vater und dem Sohne
und Gott dem Heilgen Geist im höchsten Himmelsthrone,
ihm, dem dreiein'gen Gott, wie es im Anfang war
und ist und bleiben wird so jetzt und immerdar.

T. und M.: Martin Rinckart um 1630

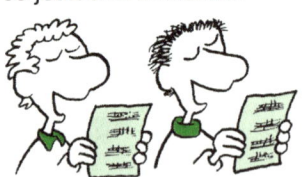

Nun danket alle Gott

157

1. Nun dan - ket al - le Gott mit
die uns so lie - be - voll be -

Her - zen, Mund und Hän - den, Die
schenkt an al - len En - den.

zärt - lich uns um - hüllt, uns birgt in ih - rem

Schoß, wenn uns so e - lend ist, so

weh und hei - mat - los.

2. O Gott, mein großes Glück, dein Lieben hat kein Ende.
Du hältst mich nicht zurück, wenn ich mich von dir wende.
Doch wenn ich ausgebrannt, verzweifelt schrei nach dir,
kommst du mir nachgerannt und heilst die Wunden mir.

3. Mein Gott, ich freu mich so, wenn ich dich bei mir spüre,
und werde nicht mehr froh dann, wenn ich dich verliere.
Bleib in mir, wertes Licht, lass lachen meinen Mund,
erhelle mein Gesicht und küss mein Herz gesund.

T.: Gerhard Schöne; M.: Martin Rinckart um 1630
Rechte: Buschfunk Produktion, Berlin

158 Gott kann man nicht malen

1. Gott kann man nicht ma - len, a - ber Gott malt die Welt! Die Korn - blu - me blau wie das Him - mels - zelt, die Mohn - blu - me rot,___ die Son - ne hell - gelb,___ das Gras malt er grün und den Ne - bel grau.___ Wer hät - te denn sonst die Far - ben er - dacht? Gott hat sie ge - macht!

2. Gott kann man nicht sehen, aber Gott sieht die Welt.
Die Menschen sieht er unterm Himmelszelt,
die Sorgen sieht er, und wenn du dich freust.
Auch wenn du wegläufst, sieht er hinterher.
Wer hätte denn sonst die Augen erdacht?
Gott hat sie gemacht.

3. Gott kann man nicht hören, aber Gott hört dir zu.
Du kannst ihn fragen. Er weiß, du bist du.
Er hört die Bitten, er hört die Sorgen,
er hört deine Angst, er hört auch noch morgen.
Wer hätte denn sonst die Liebe erdacht?
Gott hat sie gemacht.

4. Gott kann man vertrauen, denn Gott vertraut dir!
Du kannst ihn fragen, er ist immer hier.
Du kannst nichts hören, du kannst nichts sehn.
Was Gott will, kannst du dennoch verstehn.
Wer hätte denn sonst den Menschen erdacht?
Gott hat ihn gemacht.

T.: Sybille Fritsch; M.: Fritz Baltruweit; aus: „Meine Liedertüte", 1993
Rechte: tvd-Verlag, Düsseldorf

Es ist noch Platz in der Arche

Das Alte Testament ist die erste, größere Hälfte der Bibel. Es erzählt die Weltgeschichte und die Geschichte des Volkes Israel von Anfang an, bis kurz vor Jesu Geburt. In vielen hundert Jahren wurden diese Geschichten erzählt und aufgeschrieben. Viele Menschen haben mitgearbeitet an diesem Buch. Es ist bis heute auch das heilige Buch der Juden.

159 Es ist noch Platz in der Arche

Es ist noch Platz in der Ar-che, Platz in der Ar-che, komm, steig mit uns ein! Es ist noch Platz in der Ar-che, Platz in de

Ar - che, wer die Welt liebt, darf da - rin - nen sein.

1. Die Men - schen ma - chen die Welt ka - putt,

drum sen - det Gott ei - ne gro - ße Flut. Doch

er will nicht, dass al - le un - ter gehn. No - ah

und die Sei - nen sol - len be - stehn.

2. Und so baut Noah mit starker Hand
ein Schiff aus Holz auf dem trocknen Land –
voll Gottvertraun – so wie ein großes Haus,
doch die Leute lachen ihn spöttisch aus.

3. Der Noah lädt alle Tiere ein,
von jeder Art kommen sie zu zwein.
Sie steigen ein in seinen Riesenkahn,
und da fängt der große Regen an.

4. Die Arche schwimmt auf der Wasserflut.
Den Menschen und Tieren geht es gut.
Zum Schluss lässt Noah die Taube raus,
einen Hoffnungszweig bringt sie mit nach Haus.

5. Der Herr spricht: Jetzt ist vorbei die Flut.
Ihr Menschen und Tiere, merkt's euch gut:
Die Welt ist schön und soll nicht untergehn,
drum könnt ihr den Regenbogen dort sehn.

und M.: Ulrike Wilhelm (CD)
echte: Claudius Verlag, München

277

Gott sprach zu Abraham

Alle Völker der Erde werden Glück und Segen erlangen, wenn sie dir und deinen Nachkommen wohlgewogen sind.

Genesis / 1. Mose 12,3

160 Abraham, Abraham, verlass dein Land

1.u.2. A - bra - ham, A - bra - ham, ver -
3. A - bra - ham, A - bra - ham ver -

lass dein Land und dei - nen Stamm!
lässt sein Land und sei - nen Stamm!

A - bra - ham, A - bra - ham, ver -
A - bra - ham, A - bra - ham ver -

lass dein Land und dei - nen Stamm!
lässt sein Land und sei - nen Stamm!

1. Mach dich auf die lan - ge Rei - se

in ein Land, das ich dir wei - se.

Du sollst ge - gen al - len Schein

Va - ter dei - nes Vol - kes sein.

2. Abraham, Abraham,
verlass dein Land und deinen Stamm!
Abraham, Abraham,
verlass dein Land und deinen Stamm!
Ich versprech dir meinen Segen,
bin mit dir auf allen Wegen,
alle Menschen, groß und klein,
solln in dir gesegnet sein.

3. Abraham, Abraham
verlässt sein Land und seinen Stamm!
Abraham, Abraham
verlässt sein Land und seinen Stamm!
Auf das Wort hin will er's wagen,
ohne Klagen, ohne Fragen
steht er auf und zieht er fort,
Kompass ist das Gotteswort.

T.: Diethard Zils, M.: Wim ter Burg
Rechte (T): Gustav Bosse Verlag/© Bärenreiter-Verlag,
Kassel, (M): Verlag G.F. Callenbach, Nijkerk, Holland

161 Ich lobe meinen Gott

Ich lo-be mei-nen Gott von gan-zem Her-zen, und ich will er-zäh-len von all sei-nen Wun-dern und sin-gen sei-nem Na-men. Ich lo-be mei-nen Gott von gan-zem Her-zen. Ich freu-e mich und bin fröh-lich, Herr, in dir! Hal-le-lu-ja! Ich freu-e mich und bin fröh-lich, Herr, in dir! Hal-le-lu-ja!

Capo II, dann: C G I a I F G I C I F G I E a I d D7 I G I C G I a I F G I C I F G I E a I d G I C I F G I E a I d G I C II

OT: nach Ps. 9,2–3, dt. T.: Gitta Leuschner, M.: Claude Fraysse
Originaltitel: Je louerai l'Eternel; Rechte: 1976 by Alain Bergese, Frankreich
Rechte: 1976 Claude Fraysse, Frankreich, für D/A/CH: SCM Hänssler, 71087 Holzgerlingen

Gott sprach zu Noah

Ich schließe einen Bund mit euch und mit euren Nachkommen und mit allen Tieren. Ich verspreche: Ich will das Leben nie wieder vernichten. Diese Zusage soll für alle Zeiten gelten. Als Zeichen dafür setze ich meinen Bogen in die Wolken. Wenn ich ihn sehe, will ich an den ewigen Bund denken, den ich mit allen Lebewesen schließe.

Genesis / 1. Mose 9,8–17

Unter Gottes Regenbogen

162

Un - ter Got - tes Re - gen - bo - gen Schutz und

Schirm zu je - der Zeit. Für das Le - ben auf der

Er - de, al - le Freu - de und Be - schwer - de: Got - tes

Hil - fe und Got - tes gu - ten Geist.

T. und M.: Bernd Schlaudt
Rechte: beim Autor

163

Singen und klingen wird das Land

Sin-gen und klin-gen wird das Land vom Frie-den sei-ner Hand. Hal-le-lu-ja.

Sin-gen und klin-gen wird das Land vom Frie-den sei-ner Hand. Hal-le-lu-ja.

1. Er, er schläft nie, und nie schlum-mert er, der Wäch-ter Is-ra-els, Is-ra-els.

2. Er, er regiert und hilft seinem Volk, der König Israels, Israels.

3. Er, er schafft Recht und tritt für uns ein,
der Richter Israels, Israels.

4. Er, er befreit, beginnt neu mit dir,
der Heiland Israels, Israels.

5. Er führt dich recht, und er bleibt dir nah,
der Hirte Israels, Israels.

Capo II, dann:
C I - I (a) I d I G I C I F I G I C I - I (a) I d I G I C I F I G I F I C II
- I F I C I - I C I F I C I - I d I G I C I - I d I - I G I - II

Textübertragung: Günter Balders 1976; M.: Dov Seltzer, Israel; Psalmlied aus Israel
Rechte: Verlag Singende Gemeinde, Wuppertal

Psalm 121

Ich blicke hoch zu den Bergen.
Ist da oben einer, der hilft?
Meine Hilfe kommt von Gott.
Gott hat Himmel und Erde erschaffen.
Gott passt auf, dass dein Fuß nicht ausrutscht.
Gott behütet dich alle Zeit.
Gott wird nie müde, und nie schläft Gott ein.
Gott hält die Hand über dich,
damit dich die Hitze der Sonne nicht quält
und der Mond dich nicht krank macht.
Gott beschützt deinen Körper und deine Seele.
Ob du gehst, ob du kommst:
Er wird dich immer behüten
jetzt und in alle Zukunft.

164 Wenn Gott mich füllt

1. Wenn Gott mich füllt mit sei-nem Geist, wie Da-vid sin-ge ich. Wenn Gott mich füllt mit sei-nem Geist, wie Da-vid sin-ge ich. Ich sin-ge, ich sin-ge, wie Da-vid sin-ge ich. Ich sin-ge, ich sin-ge, wie Da-vid sin-ge ich.

2. ... klatsche ich. Ich klatsche ...

3. ... jauchze ich. Ich jauchze ...

4. ... tanze ich. Ich tanze ...

5. ... springe ich. Ich springe ...

T. und M.: Daniel Kallauch
Rechte: Daniel Kallauch,
VOLLTREFFER, Hattingen

Die Güte des Herrn

165

Die Gü- te des Herrn hat kein En- de, kein

En - de. Sein Er - bar - men hört

nie- mals auf. Es ist neu je- den

Mor - gen, neu je- den Mor- gen.

Groß ist dei- ne Treu - e, o Herr!

Groß ist dei- ne Treu - e.

Capo II, dann: - I C G I C I F I C I - I C G I C I F I G(4) I (G) I F I G I e I a I
F I C G I C I (C7) I F I C G I C II

Originaltitel: The Steadfast Love, T. und M.: Edith McNeill, Dt. T.: Jugend mit einer Mission
Rechte: © 1974, 1975 Celebration

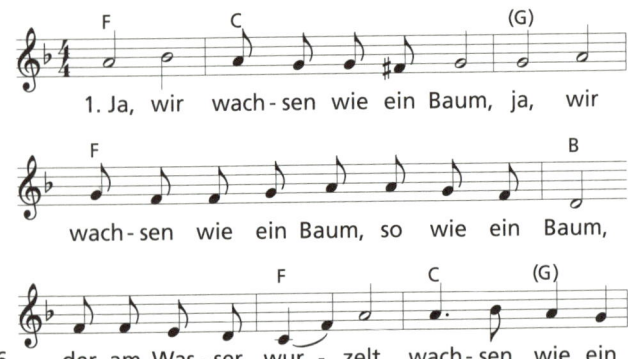

166 Ja, wir wachsen wie ein Baum

F   C   (G)

1. Ja, wir wach-sen wie ein Baum, ja, wir

F   B

wach-sen wie ein Baum, so wie ein Baum,

               F   C   (G)

der am Was-ser wur-zelt, wach-sen wie ein

Baum. Auch wenn die Son-ne heiß brennt,
wach-sen wie ein Baum, auch wenn die Son-ne
heiß brennt, wach-sen wie ein Baum, so wie ein
Baum, der am Was-ser wur-zelt,
wach-sen wie ein Baum.

2. Ja, wir blühen wie ein Baum,
ja, wir blühen wie ein Baum,
so wie ein Baum, der am Wasser wurzelt,
blühen wie ein Baum.
Auch wenn das Wasser knapp ist ...

3. Ja, wir bringen gute Frucht,
ja, wir bringen gute Frucht,
so wie ein Baum, der am Wasser wurzelt,
bringen gute Frucht.
Auch wenn ein dürres Jahr kommt ...

4. Ja, wir trauen unserm Gott,
ja, wir trauen unserm Gott,
so wie ein Baum, der am Wasser wurzelt,
trauen unserm Gott.
Auch wenn's nicht immer leicht ist ...

T.: Ulrike Wilhelm; M.: Südamerikanisches Traditional
Rechte: Claudius Verlag, München

167 Mirjam-Lied

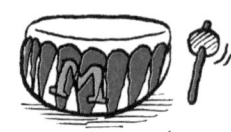

1. Im Lan-de der Knecht-schaft, da leb-ten sie lang, in frem-de Ge-fil-de ver-bannt, ver-ges-sen die Frei-heit, ver-stummt ihr Ge-sang und die Hoff-nung ver-gra-ben im Sand. Nur heim-lich im Her-zen, da heg-ten sie bang den Traum vom ge-lob-ten Land. Doch:

Kehrvers

Mir - jam, Mir - jam schlug auf die
Frau - en tanz - ten, tanz - ten, die

288

Pau - ke und Mir - jam tanz - te
Män - ner und Wel - len, Wol - ken,

vor ih - nen her. Al - le, al - le
al - les tanzt mit. Mir - jam, Mir - jam

fin - gen zu tan - zen an: Groß war
hob ih - re Stim - me, sie sang für

Got - tes Tat am Meer. La la la la la la la
Gott, sie sang ihr Lied.

lei la la la lei la la la la la lei, lei la la la la

lei la la la la la la la la la la la la. La la la

la la la lei la la la la lei la la la la la lei lei

la la la la lei la la la la la la la la la.

2. Die Narben der Knechtschaft an Schultern und Knien,
die Blicke verhalten und scheu,
die Rücken gebeugt noch, so ziehn sie dahin,
und die Freiheit ist drohend und neu.
Es lockt die Versuchung, zurückzufliehn
in die Sicherheit der Sklaverei.
Doch: Mirjam, Mirjam schlug auf die Pauke...

3. Die Bande der Knechtschaft, die falln langsam ab,
die Schritte verlernen den Trott.
Entwachsen den Ketten, entstiegen dem Grab,
das Leben besiegte den Tod.
Ihr Weg ist noch weit, doch sie haben die Kraft,
denn in ihren Herzen ist Gott.
Denn: Mirjam, Mirjam schlug auf die Pauke...

T. und M.: Claudia Mitscha-Eibl
erschienen auf CD „Und Mirjam schlug auf die Pauke"
Rechte: bei der Autorin

Gott sprach zu Mose

Ich habe gesehen, wie mein Volk in Ägypten misshandelt wird.
Ich habe gehört, wie sie um Hilfe schreien. Ich weiß, was sie
auszustehen haben. Und ich bin gekommen, um mein Volk
von seinen Unterdrückern zu befreien. Ich will sie aus Ägypten
herausführen in ein großes und fruchtbares Land, wo Milch
und Honig fließen.

1. Als Is - rael in Ä - gyp - ten war,
von har - ter Hand ge - knech - tet war,

lass es ziehn, mein Volk,
lass es ziehn, mein Volk.

Geh hin,

Mo - ses, geh nach Ä - gyp - ten - land. Sag

doch dem Pha - ra - o: Lass es ziehn, mein Volk!

2. „Es sagt der Herr", sprach Moses laut,
„lass es ziehn, mein Volk.
Sie sollen nicht mehr Knechte sein.
Lass es ziehn, mein Volk."

3. Der Herr gab Moses seinen Rat,
lass es ziehn, mein Volk.
Den Israeliten wies er den Pfad.
Lass es ziehn, mein Volk.

1. When Israel was in Egypt's land, let my people go,
oppressed so hard, they could not stand, let my people go.
Go down, Moses, way down in Egypt's land,
tell old Pharaoh: Let my people go!

Englischer Text und Musik: Spiritual
Deutscher Text: Stefan Hansen, Berlin
Rechte deutscher Text beim Autor

Schön, dass du da bist!

Am Samstag treffen sich Marco und Achim. „Was machst du denn heute nachmittag?" fragt Achim. „Ich gehe zu Tinas Geburtstagsfeier. Und du bist auch eingeladen. Tina hat mir das extra gesagt."

Sie gehen zu Tina. An der Tür werden sie von Tinas Mutter herzlich begrüßt: „Schön, dass ihr da seid. Kommt herein! Es sind schon viele da." Die Stimmung ist gut. Tinas Bruder sorgt für die Musik. Zu essen und zu trinken ist genug da. Es wird ein schöner Nachmittag. Bei der Verabschiedung fragt Tina Achim: „Kommst du morgen auch zum Kindergottesdienst? Meike, Tom und die anderen kommen auch. Die machen eine neue Gruppe auf, extra für uns. Und Marco, du kommst doch auch mit?"

Marco hatte voller Interesse zugehört. „Wo geht ihr morgen hin, in die Kirche?" „Klar, wir feiern dort Gottesdienst." „Ist da was los? Erzähl mal, ich habe keine Ahnung." Achim erzählt Marco, wie sie miteinander Gottesdienst feiern.

„Vom Ablauf her geht es ähnlich zu wie bei Tinas Feier. Wenn wir in die Kirche kommen, begrüßt uns Ute vom Gottesdienstteam an der Tür. Wir erzählen dann kurz, was so in der vergangenen Woche los war, was uns gefreut oder geärgert hat."

Vom Aufgang der Sonne 169

Vom Auf-gang der Son-ne

bis zu ih-rem Nie-der-gang sei ge-

lo-bet der Na-me des Herrn, sei ge-

lo-bet der Na-me des Herrn.

T.: Psalm 113,3; M.: Paul Ernst Ruppel
Rechte: Schott Music GmbH & Co. KG Mainz

170 Laudato si

Kehrvers

G
Lau-da-to si, o mi sig-no - re,

e
lau-da-to si, o mi sig-no - re,

C
lau-da-to si, o mi sig-no - re,

D
lau-da-to si, o mi sig-nor!

G
1. Sei ge-prie-sen, du hast die Welt ge-

e
schaf-fen, sei ge-prie-sen für

Son - ne, Mond und Ster - ne, _____ sei ge -
prie - sen für Meer und Kon - ti -
nen - te, _____ sei ge - prie - sen, denn
du bist wun - der - bar, _____ Herr! _____

2. Sei gepriesen für Licht und Dunkelheiten!
Sei gepriesen für Nächte und für Tage!
Sei gepriesen für Jahre und Gezeiten!
Sei gepriesen, denn du bist wunderbar, Herr!

3. Sei gepriesen für Wolken, Wind und Regen!
Sei gepriesen, du lässt die Quellen springen!
Sei gepriesen du lässt die Felder reifen!
Sei gepriesen, denn du bist wunderbar, Herr!

4. Sei gepriesen für deine hohen Berge!
Sei gepriesen für Feld und Wald und Täler!
Sei gepriesen für deiner Bäume Schatten!
Sei gepriesen, denn du bist wunderbar, Herr!

5. Sei gepriesen, du lässt die Vögel singen!
Sei gepriesen, du lässt die Fische spielen!
Sei gepriesen für alle deine Tiere!
Sei gepriesen, denn du bist wunderbar, Herr!

6. Sei gepriesen, denn du, Herr, schufst den Menschen!
Sei gepriesen, er ist dein Bild der Liebe!
Sei gepriesen für jedes Volk der Erde!
Sei gepriesen, denn du bist wunderbar, Herr!

7. Sei gepriesen, du selbst bist Mensch geworden!
Sei gepriesen für Jesus, unsern Bruder!
Sei gepriesen, wir tragen seinen Namen!
Sei gepriesen, denn du bist wunderbar, Herr!

8. Sei gepriesen, er hat zu uns gesprochen!
Sei gepriesen, er ist für uns gestorben!
Sei gepriesen, er ist vom Tod erstanden!
Sei gepriesen, denn du bist wunderbar, Herr!

9. Sei gepriesen, o Herr, für Tod und Leben!
Sei gepriesen, du öffnest uns die Zukunft!
Sei gepriesen, in Ewigkeit gepriesen!
Sei gepriesen, denn du bist wunderbar, Herr!
Laudato si, o mi signore,
laudato si, o mi signore,
laudato si, o mi signore,
laudato si, o mi signore. Amen.

T.: Winfried Pilz; M.: Volkslied aus Italien
Rechte: Verlag Haus Altenberg, Düsseldorf

171 Dank für die Sonne, Dank für den Wind

Kehrvers

La la la la la la la la lei,

la la la la la la la la lei.

1. Dank für die Son-ne, Dank für den Wind,
Dank für die Men-schen, die um mich sind.

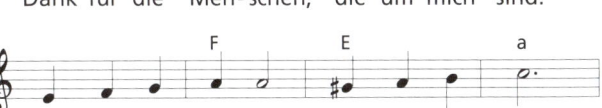

Dank für die Ta-ge, Dank für die Nacht,

Dank auch für je-den, der für mich wacht.

2. Dank für das Wasser, Dank für den Fisch,
Dank für das Essen auf unserm Tisch.
Dank für das Lächeln, Dank für den Gruß,
Dank für die Liebe und jeden Kuss.

3. Dank für die Schule, Dank für die Kraft,
Dank für das Können, mit dem man es schafft.
Dank auch für Ali aus der Türkei,
Dank für die Müllabfuhr und so mancherlei.

4. Dank für die Freunde, die mit mir gehn,
und Dank für alle, die mich verstehn.
Dank in der Freude, Dank in der Not,
Dank sei für alles dir, o mein Gott!

T.: Johannes Jourdan; M.: Siegfried Fietz
Rechte: © Abakus Musik Barbara Fietz, 35753 Greifenstein

172 Singt Gott, unserm Herrn

1. Singt Gott, un - serm Herrn, ___ singt ihm neu - e Lie - der. Singt Gott, un - serm Herrn, ___ singt ihm neu - e Lie - der. Singt

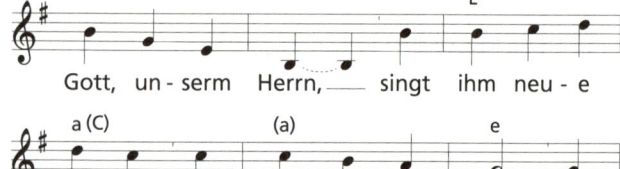

Gott, un - serm Herrn, ___ singt ihm neu - e Lie - der. Singt Gott, un - serm Herrn, singt

Gott, un - serm Herrn.

2. Jauchzt ihm, alle Welt, singt, rühmet und lobt ihn.
Jauchzt ihm, alle Welt, singt, rühmet und lobt ihn.
Jauchzt ihm, alle Welt, singt, rühmet und lobt ihn.
Jauchzt ihm, alle Welt, jauchzt ihm, alle Welt.

3. Die Erde soll jubeln, die Ströme, die Berge.
Die Erde soll jubeln, die Ströme, die Berge.
Die Erde soll jubeln, die Ströme, die Berge.
Die Erde soll jubeln unserem Gott.

T.: Renate Schiller nach Psalm 98; M.: aus Brasilien
Rechte (T): Weltgebetstag-Komitee, Stein

Die Herrlichkeit des Herrn

173

1. Die Herr - lich - keit des Herrn blei - be
e - wig - lich, der Herr freu - e
sich sei - ner Wer - - ke! Ich will
sin - gen dem Herrn mein Le - ben
lang; ich will lo - ben mei - nen Gott, so -
lang ich bin.

Capo III, dann: ‖: - I D I A I G I D :‖

T.: nach Psalm 104,31.33; Kanon für vier Stimmen
Rechte: Jugend mit einer Mission 1977

299

174

Großer Gott, wir loben dich

1. Gro - ßer Gott, wir lo - ben
   vor dir neigt die Er - de

dich; Herr, wir prei - sen
sich und be - wun - dert

dei - ne Stär - ke. Wie du
dei - ne Wer - ke.

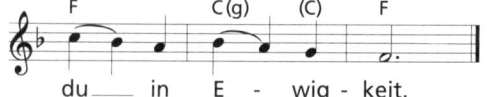

warst vor al - ler Zeit, so bleibst

du in E - wig - keit.

2. Heilig, Herr Gott Zebaoth! Heilig, Herr der Himmelsheere!
Starker Helfer in der Not! Himmel, Erde, Luft und Meere
sind erfüllt von deinem Ruhm; alles ist dein Eigentum.

3. Dich, Gott Vater auf dem Thron loben Große, loben
Kleine. Deinem eingebornen Sohn singt die heilige
Gemeinde, und sie ehrt den Heilgen Geist,
der uns seinen Trost erweist.

4. Herr, erbarm, erbarme dich. Lass uns deine Güte
schauen; deine Treue zeige sich,
wie wir fest auf dich vertrauen.
Auf dich hoffen wir allein: Lass uns nicht verloren sein.

T.: Ignaz Franz nach dem „Tedeum", 4. Jahrh.; M.: Lüneburg 1668

Danke
für diesen guten Morgen 175

1. Dan-ke für die-sen gu-ten Mor-gen, dan-ke

für je-den neu-en Tag. Dan-ke, dass ich all

mei-ne Sor-gen auf dich wer-fen mag.

2. Danke für alle guten Freunde,
danke, o Herr, für jedermann.
Danke, wenn auch dem größten Feinde
ich verzeihen kann.

3. Danke für meine Arbeitsstelle,
danke für jedes kleine Glück.
Danke für alles Frohe, Helle und für die Musik.

4. Danke für manche Traurigkeiten,
danke für jedes gute Wort.
Danke, dass deine Hand mich leiten will an jedem Ort.

5. Danke, dass ich dein Wort verstehe,
danke, dass deinen Geist du gibst.
Danke, dass in der Fern und Nähe
du die Menschen liebst.

6. Danke, dein Heil kennt keine Schranken,
danke, ich halt mich fest daran.
Danke, ach Herr, ich will dir danken,
dass ich danken kann.

T. und M.: Martin Gotthard Schneider
Rechte: Gustav Bosse Verlag/© Bärenreiter-Verlag, Kassel

176 Kommt herbei, singt dem Herrn

1. Kommt her - bei, singt dem Herrn, ruft ihm zu, der uns be - freit. Sin - gend lasst uns vor ihn tre - ten, mehr als Wor - te sagt ein Lied. Sin - gend lasst uns vor ihn tre - ten, mehr als Wor - te sagt ein Lied.

2. Er ist Gott, Gott für uns,
er allein ist letzter Halt.
Überall ist er und nirgends.
302 Höhen, Tiefen, sie sind sein.

3. Ja, er heißt: Gott für uns,
wir die Menschen, die er liebt.
Darum können wir ihm folgen,
können wir sein Wort verstehn.

4. Wir sind taub, wir sind stumm,
wollen eigne Wege gehn.
Wir erfinden neue Götter
und vertrauen ihnen blind.

5. Dieser Weg führt ins Nichts,
und wir finden nicht das Glück,
graben unsre eignen Gräber,
geben selber uns den Tod.

6. Menschen, kommt, singt dem Herrn,
ruft ihm zu, der uns befreit!
Singend lasst uns vor ihn treten,
mehr als Worte sagt ein Lied.

T. und M.: aus Israel; dt. Text: Diethard Zils
Rechte dt. Text: Gustav Bosse Verlag/© Bärenreiter-Verlag, Kassel

Guten Tag, ihr seid willkommen   177

Gu - ten Tag, ihr seid will - kom - men,

setzt euch hin, wir fan - gen gleich an.

Capo III; dann: ‖: D(h) e I A D :‖

T. und M.: Bernd Schlaudt
Rechte: beim Autor

178 Ich sag dir guten Morgen

1. Ich sag dir gu-ten Mor-gen und lach dir freund-lich zu. Dann sagst du gu-ten Mor-gen, ge-nau wie ich es tu. Dann sagst du guten Mor-gen, ge-nau wie ich es tu.

2. Ich sag dir guten Morgen und winke noch dazu.
Dann winkst du heute Morgen, genau wie ich es tu.
Dann winkst du heute Morgen, genau wie ich es tu.

3. Gott schenkt uns diesen Morgen, weil er uns gerne mag.
Wir danken für den Morgen und bitten für den Tag.
Wir danken für den Morgen und bitten für den Tag.

T.: Rolf Krenzer; M.: Peter Janssens; aus: Ich schenk dir einen Sonnenstrahl, 1985
Rechte: Peter Janssens Musik Verlag, Telgte

179 He, du! Hallo, du!

1. He, du! Hal-lo, du! Ich geh auf dich

zu und la-de dich ein, und schon

gehn wir nicht al - lein. Es ist schön,

schön, schön, wun - der - schön, schön, schön, wenn

wir zu - sam - men gehn. Es ist schön,

schön, schön, wun - der - schön, schön, schön, dann

kann uns nichts ge - schehn.

2. He, du! Hallo, du!
Ich geh auf euch zu und lade euch ein,
und schon gehn wir nicht allein.

3. He, du! Hallo, du!
So geht's bei uns zu. Wir laden euch ein,
und schon gehn wir nicht allein.

Capo III, dann: - I D I A I e A I D I - I A I e A I D A II
D I A I - I D A I D I A I - I D II

T.: Rolf Krenzer; M.: Peter Janssens; aus: Obed, 1993
Rechte: Peter Janssens Musik Verlag, Telgte

180

Hallo, hallo!
Schön, dass du da bist

Hal - lo, hal - lo! Schön, dass du
da bist. Hal - lo, hal - lo, ich
freu - e mich so sehr. 1. Nun
Ein
lasst uns fröh - lich sin - gen, dem
schö - ner Tag ist heu - te, und
Herrn ein Lied - chen brin - gen.
lau - ter net - te Leu - te.

2. Lasst uns den Tag beginnen, indem wir uns besinnen
auf all die guten Gaben, die wir empfangen haben.

Capo III, dann: - ‖: D I - I e A I D I - I - I e A I D :‖ ‖:- I - I - I A I D :‖

T. und M.: Andreas Hantke
Rechte: Claudius Verlag, München

Anfangsgebet

Lieber Gott, wir danken dir, dass wir miteinander Gottesdienst
feiern können. Wir bitten dich: Nimm aus unseren Gedanken
weg, was uns ablenkt. Lass uns ein offenes Ohr haben für das,
was du uns sagen willst. Schenke uns eine fröhliche Gemeinschaft und segne sie.

Amen.

Gemeinsames Gebet zum Anfang

Unseren Gottesdienst feiern wir im Namen Gottes,
der uns wie eine Mutter und wie ein Vater lieb hat.
Im Namen des Sohnes, der unser Freund ist.
Im Namen des Heiligen Geistes,
der uns Kraft und Mut gibt. Amen.

Einen guten Morgen wünschen wir 181

Ei - nen gu - ten Mor - gen wün - schen

wir. Gu - ten Mor - gen dir und mir

und al - len, die ge - kom - men sind.

T. und M.: Bernd Schlaudt (CD)
Rechte: beim Autor

Wieder kommen wir zusammen

Achim erzählt weiter: „Nach der Begrüßung an der Tür setzen wir uns im Stuhlkreis vor den Altar. Auf dem Altar stehen das Kreuz, die Blumen und unsere Sammelkörbchen.
Die Kerzen brennen. Wenn die Glocken läuten, werden wir leise. Dann begrüßt uns Ute noch einmal. Danach singen wir ein oder zwei Lieder, die wir uns ausgesucht haben. Anschlie-

ßend spricht Peter ein Gebet. Er dankt Gott, dass wir alle da sind und bittet ihn, dass wir einen schönen Gottesdienst feiern.

Dann liest eines der älteren Kinder einen Psalm vor. Das ist ein Gebet aus Israel, das dort vor langer Zeit aufgeschrieben wurde. Manchmal wiederholen wir alle einen Vers oder singen einen Refrain dazu. Oder wir sprechen gemeinsam ein Glaubensbekenntnis."

Wo zwei oder drei 182

Wo zwei o-der drei in mei-nem Na-men ver-sam-melt sind, da bin ich mit-ten un-ter ih-nen. Wo zwei o-der drei in mei-nem Na-men ver-sam-melt sind, da bin ich mit-ten un-ter ih-nen.

Capo III, dann: - ll: D I A (e) I D(h) A I D I - I A (e) I D(h) A I D :ll

T.: Matthäus 18,20; M.: Jesus-Bruderschaft Gnadenthal
Rechte: Jesus-Bruderschaft e.V., Gnadenthal

183 Wieder kommen wir zusammen

Kehrvers

Wie-der kom-men wir zu-sam-men: Got-tes
Stim-me lädt uns ein, hier und sonst an vie-len
Or-ten sein ge-lieb-tes Volk zu sein.

1. Wir grü-ßen uns, wir fan-gen an, vereint in Got-tes Na-men, und al - le
sin-gen: A - men.

310

2. Wir wollen, was uns traurig macht,
was trennt, beim Namen nennen,
Gott loben und bekennen.

3. Wir hören aus der Bibel neu,
was Mut macht, und wir fragen:
Was kann ich tun und sagen?

4. Am Tisch bricht Jesus uns das Brot,
wir nehmen und wir teilen,
er hilft das Unrecht heilen.

5. Wir danken und wir bitten Gott
für Menschen nah und ferne –
wir helfen, geben gerne.

6. Wir sagen uns, bevor wir gehn,
wann wir uns neu begegnen,
und lassen froh uns segnen.

T. und M.: Dieter Trautwein
Rechte: Strube Verlag GmbH, München

Ausgang und Eingang 184

Aus - gang und Ein - gang, An - fang und
En - de lie - gen bei dir, Herr,
füll du uns die Hän - de.

T. und M.: Joachim Schwarz (1930–1998)
Rechte: Strube Verlag GmbH, München

185 Kommt alle her, hallihallo

1. Kommt al-le her, hal-li-hal-lo, kommt al-le her, seid mit uns froh, kommt al-le her, klatscht in die Hand, kommt her und macht mit!

2. Kommt alle her, die Musik spielt.
Kommt alle her, singt dieses Lied!
Kommt alle her, stampft mit dem Fuß,
kommt her und macht mit!

3. Kommt alle her, ob klein, ob groß,
kommt alle her, hier ist was los!
Kommt alle her, springt in die Luft,
kommt her und macht mit!

4. Kommt alle her, klatscht in die Hand.
Kommt alle her, stampft mit dem Fuß!
Kommt alle her, springt in die Luft,
kommt her und macht mit!

T.: Hans Jürgen Netz; M.: Rainer Ibe
aus: Mein Liederbuch, Band 1, 1981
Rechte: tvd-Verlag, Düsseldorf

Gemeinsames Gebet zum Anfang

Wir beginnen unseren Gottesdienst im Namen des Vaters,
des Sohnes und des Heiligen Geistes. Amen

Sind zwei, sind drei

186

Sind zwei, sind drei in mei-nem

Na-men eins, bin im-mer ich da-bei.

Ich bin da-bei, ich bin da-bei.

T.: nach Matthäus 18,20; M.: Bayiga Bayiga Cameroon
Rechte (T): Strube Verlag GmbH, München, (M): beim Urheber

187 Der Gottesdienst soll fröhlich sein

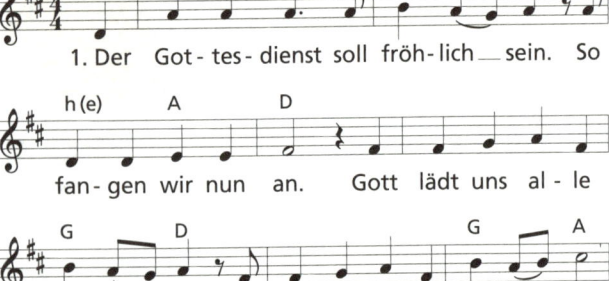

1. Der Got-tes-dienst soll fröh-lich sein. So
fan-gen wir nun an. Gott lädt uns al-le
zu sich ein, und kei-nes ist da-für zu klein.

Singt nun Hal-le-lu-ja, Hal-le-lu-ja, Hal-
oder: La la la la la la la la la la Hal-

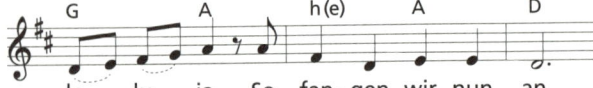

le - lu - ja. So fan-gen wir nun an.
la la la la la.

2. Wir hören jetzt auf Gottes Wort,
und davon leben wir.
Das wirkt im Alltag fort und fort,
begleitet uns an jedem Ort.
Singt nun Halleluja, Halleluja, Halleluja.
Und davon leben wir.

3. Wir sagen Gott, was uns bedrückt.
Er hört uns ganz gewiss.
Wenn er uns einen Kummer schickt,
wenn uns mal nichts gelingt und glückt.
Singt nun Halleluja, Halleluja, Halleluja.
Er hört uns ganz gewiss.

4. Wir singen Gott ein schönes Lied.
Vergesst nur nicht den Dank.
Er, der uns täglich Gutes gibt,
zeigt uns damit, dass er uns liebt.
Singt nun Halleluja, Halleluja, Halleluja.
Vergesst nur nicht den Dank.

5. Der Gottesdienst soll fröhlich sein.
So fangen wir nun an.
Gott lädt uns alle zu sich ein,
und keines ist dafür zu klein.
Singt nun Halleluja, Halleluja, Halleluja.
So fangen wir nun an.

Capo II, dann: - I C I F C I a(d) G I C I - I F C I - I F G I C I F C I
a(F) e(C) I F G I a(d) G I C II

T. und M.: Martin Gotthard Schneider
Rechte: Rechtsnachfolge Martin Gotthard Schneider

Anfangsgebet

Du Gott aller Kinder. Wir freuen uns und singen dir unsere
Lieder. Du kennst uns alle, auch die Kinder, die dir in einer anderen Sprache ihre Lieder singen und zu dir beten. Mit ihnen
allen gehören wir zu dir. Segne unsere Gemeinschaft. Amen.

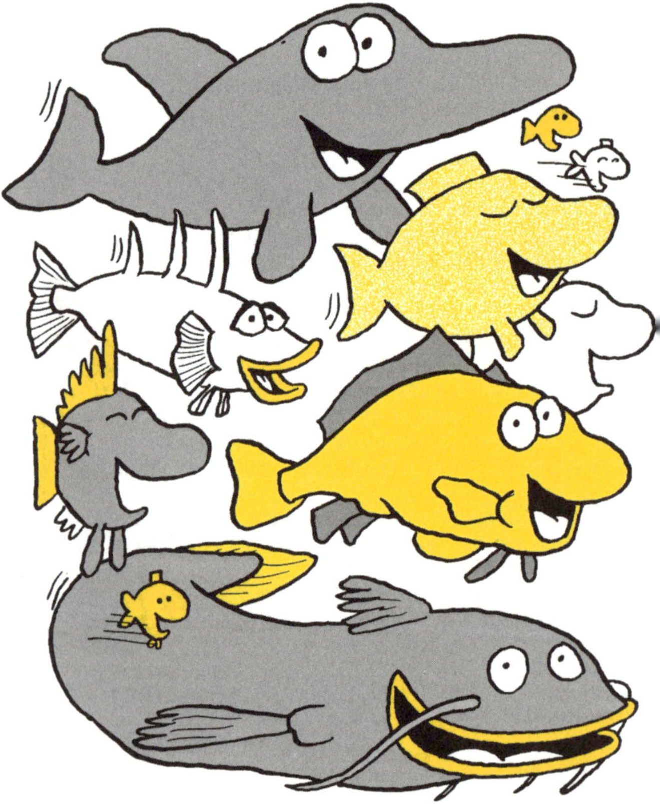

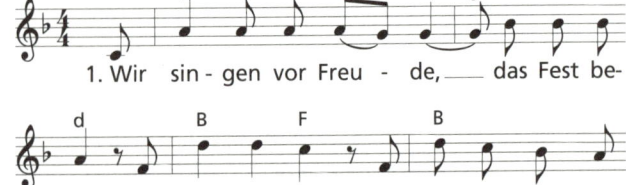

188 Wir singen vor Freude

F C g
1. Wir sin - gen vor Freu - de, das Fest be-
d B F B
ginnt, wir freu - en uns, dass wir zu - sam - men

sind. Wir sin-gen vor Freu - de, ____ das Fest be-

ginnt, wir freu-en uns, dass wir zu-sam-men sind.

Hin und her, her und hin, hier singt ei-ner,

dort singt ei-ner, Hand in Hand und Schritt vor

Schritt, vie - le, vie - le, vie - le fei-ern mit.

2. Wir springen vor Freude ... Hier springt einer ...

3. Wir klatschen vor Freude ... Hier klatscht einer ...

4. usw.

T.: Eckart Bücken; M.: Peter Janssens;
aus: So kann das Spiel beginnen, 1973
Rechte: Peter Janssens Musik Verlag, Telgte

Anfangsgebet

Lieber Gott, wir danken dir, dass du uns in der vergangenen
Woche begleitet hast. Sei jetzt bei uns. Hilf uns, dass wir ver-
stehen, was du uns sagen willst. Das bitten wir durch Jesus
Christus. Amen.

Wie in einer zärtlichen Hand

Der Kindergottesdienst und Tinas Geburtstagsfeier haben vieles gemeinsam. Aber einige Sachen, so erzählt Marco dem Achim, sind doch anders:

„Ab und zu legen wir Klagesteine vor den Altar und sagen dabei, was uns nicht gefällt, oder wenn wir jemanden beleidigt oder ungerecht behandelt haben. Danach singen wir oder sagen einfach: Herr, erbarme dich.

Wir sagen Gott, was in uns ist: alles Fröhliche und alles Traurige. Wir klagen ihm, was uns andere antun, wo sie uns wehtun mit Worten oder mit Schlägen. Wir klagen auch für andere, die selbst nicht mehr die Kraft dazu haben.

Wir loben Gott, weil er uns erschaffen hat und uns am Leben erhält. Wir danken ihm für seine guten Gaben."

Lasst uns miteinander **189**

Lasst uns mit-ei-nan-der, lasst uns mit-ei-
nan-der sin-gen, spie-len, lo-ben den Herrn!

Lasst uns das ge-mein-sam tun, sin-gen,
spie-len, lo-ben den Herrn, sin-gen, spie-len,
lo-ben den Herrn, sin-gen, spie-len, lo-ben den
Herrn, sin-gen, spie-len, lo-ben den Herrn,
sin-gen, spie-len, lo-ben den Herrn.

Capo III, dann: ‖: D ∣ A(7) ∣ - ∣ D :‖

T. und M.: Peter van Woerden
Rechte: beim Autor

190 Lobet und preiset

1. Lo - bet und prei - set, ihr Völ - ker, den Herrn,

2. freu - et euch sei - ner und die - net ihm gern;

3. all ihr Völ - ker, lo - bet den Herrn!

Capo III, dann: ‖: D I - I A I D :‖

mündlich überliefert

Wir loben:

Ich erlebe, wie mich jemand anlächelt. Darüber freue ich mich wie eine Frühlingsblume, die nach dem Winter aus der dunklen Erde ans Licht kommt. Darum lobe ich dich, mein Gott. In der vergangenen Woche ist mir .... ganz besonders gut gelungen: Dafür lobe ich dich, mein Gott. Amen.

Wir danken:

Vater im Himmel, wir danken dir, dass du uns in der vergangenen Woche behütet hast. Wir danken dir, dass wir genug zum Essen, Trinken und Anziehen haben. Wir danken dir, dass wir ohne Krieg, Hunger und Not leben können. Amen.

Ich will dem Herrn singen 191

Ich will dem Herrn sin-gen mein Le-ben

lang und mei-nen Gott lo-ben und

mei-nen Gott lo-ben, so-lan-ge ich bin.

T.: Psalm 104,33; M.: Johannes Petzold
Rechte: Strube Verlag GmbH, München

192 Vater unser im Himmel

1. Va - ter un - ser im Him - mel,
2. Je - sus Christ, un - ser Ret - ter, 1.–3. dir
3. Heil - ger Geist, uns - ser Trös - ter,

ge - hört un - ser Le - ben, wir lo - ben dich.

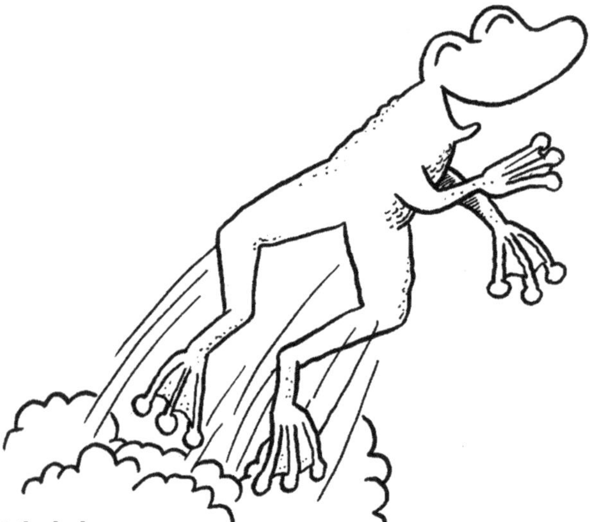

Wir loben:

Guter Gott, manchmal sind wir besonders glücklich. Wir freu-
en uns, wenn nach Regen wieder die Sonne scheint, oder
wenn uns jemand etwas schenkt. Wir machen Luftsprünge
und klatschen vor Freude in die Hände. Wir danken dir und
loben dich für alles Gute in unserem Leben. Amen.

Hallelu' **193**

Hal - le - lu', Hal - le - lu', Hal - le - lu', Hal - le -
lu - ja, prei - set den Herrn! Prei - set
den Herrn, Hal - le - lu - ja, prei - set den
Herrn, Hal - le - lu - ja, prei - set den Herrn,
Hal - le - lu - ja, prei - set den Herrn!

Hallelu' ... Praise ye the Lord! ...	(englisch)
Hallelu' ... Gloire au Seigneur! ...	(französisch)
Hallelu' ... Doxa theou! ...	(griechisch)
Hallelu' ... Gloria deo! ...	(lateinisch)
Hallelu' ... Chwall christa! ...	(russisch)
Hallelu' ... Gloria Señor! ...	(spanisch)
Hallelu' ... Tumsifuni! ...	(Suaheli)
Hallelu' ... Rumishenyi! ...	(Kilim.)
Hallelu' ... Hivirike omuhona! ...	(Herero)
Hallelu' ... Kiittökää häraa! ...	(finnisch)
Hallelu' ... Alla boa! ...	(Dioula)
Hallelu' ... Hambelleld omua! ...	(Ovambo)

mündlich überliefert

Wir klagen:

Guter Gott, wir reden vieles, ohne darüber nachzudenken. Wir tun manches, was anderen schadet. Wir bekennen, dass wir uns nicht richtig verhalten haben. Vergib uns. Nimm unsere Schuld weg und hilf uns, deinen Willen zu tun. Zeige uns, was richtig ist. Amen.

194 Mein Gott, das muss anders werden

Mein Gott, das muss an-ders wer-den, das ge-fällt uns nicht. Hilf uns das bes-ser ma-chen, mein Gott, er-bar-me dich! Hilf uns das bes-ser ma-chen, mein Gott, er-bar-me dich!

T. und M.: Christoph Lehmann; aus: „Fünf Brote und zwei Fische", 1977
Rechte: tvd-Verlag, Düsseldorf

Gib uns Ohren, die hören 195

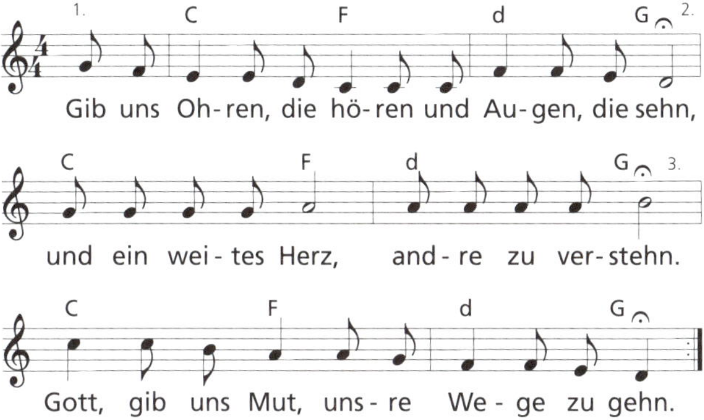
1. C F d G 2.
Gib uns Oh-ren, die hö-ren und Au-gen, die sehn,
C F d G 3.
und ein wei-tes Herz, and-re zu ver-stehn.
C F d G
Gott, gib uns Mut, uns-re We-ge zu gehn.

T. und M.: Bernd Schlaudt
Rechte: beim Autor

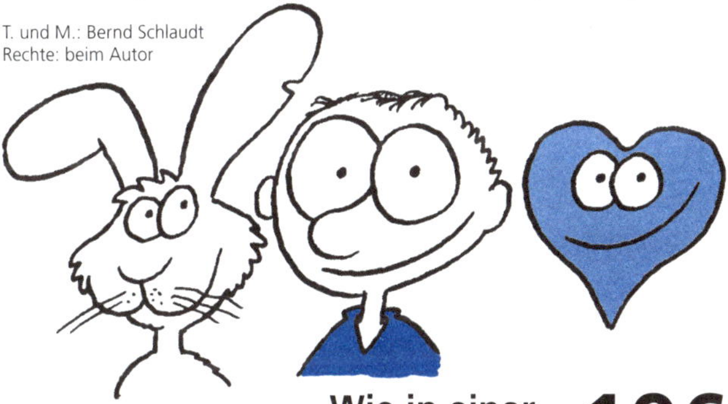

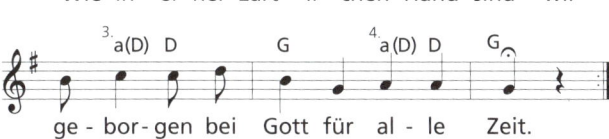

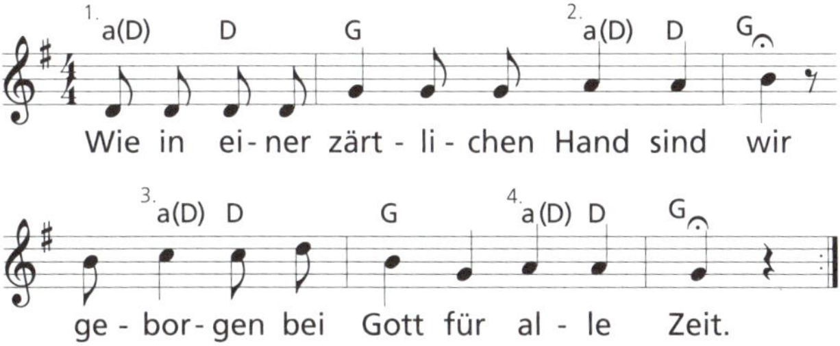

Wie in einer zärtlichen Hand 196

1. a(D) D G 2. a(D) D G
Wie in ei-ner zärt-li-chen Hand sind wir
3. a(D) D G 4. a(D) D G
ge-bor-gen bei Gott für al-le Zeit.

T.: Gruppe Liturgie 1985, M.: Bernd Schlaudt
Rechte: Bernd Schlaudt

Wir klagen:

Vergib uns, Herr, wenn wir mit Händen geschlagen haben, statt zu helfen; wenn wir mit Worten verletzt haben, statt zu trösten; wenn wir andere geärgert haben, anstatt ihnen eine Freude zu machen; wenn wir andere auslachen, anstatt ihnen Mut zu machen. Vergib uns, Herr, unsere Schuld. Amen.

197   Herr, erbarme dich

Herr, er-bar-me dich, er-bar-me dich.

Herr, er-bar-me dich, Herr, er-bar-me dich.

Capo II, dann: C I G I d I a I F I C I F I G II

T.: Liturgie; M.: Peter Janssens; aus: Ein Halleluja für dich, 1973
Rechte: Peter Janssens Musik Verlag, Telgte

Wir danken:

Lieber Gott, wir sind in den Kindergottesdienst gekommen. Du bist für jeden von uns da: für die Fröhlichen und die Traurigen, für die Starken und die Schwachen, für die Mutigen und für die, die Angst haben. Du bist da für die Großen und die Kleinen und für alle Menschen auf der Welt. Du machst keine Unterschiede. Auch für mich bist du da. Lieber Gott, ich danke

dir. Amen.

Du verwandelst meine Trauer 198

Du ver - wan-delst mei - ne Trau - er in Freu - de.

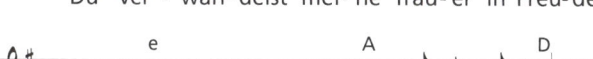

Du ver -wan- delst mei - ne Ängs-te in Mut.

Du ver - wan- delst mei - ne Sor - ge in Zu-ver-sicht.

Gu - ter Gott! Du ver - wan - delst mich.

T.: Gruppe Liturgie 1985; M.: Bernd Schlaudt
Rechte: Bernd Schlaudt

Ehre sei Gott 199

Eh - re sei Gott! Eh - re sei Gott, Frie -

den für al - le Men - schen!

Zeit für Ruhe

Achim hört zu, wie Marco weitererzählt:

„Danach erzählen uns Ute oder Peter eine Geschichte aus der Bibel, z. B. von Abraham, Rut, König David oder Jesus. Es ist meistens recht spannend, weil sie das ganz unterschiedlich machen. Entweder sehen wir zur Geschichte Dias oder Bilder. Oder wir dürfen die Geschichte mitspielen, oder wir machen hinterher ein Hörspiel. Oder wir basteln etwas zur Geschichte, z. B. ein Dorf, in dem Jesus gewesen ist, oder wir gestalten einen Ostergarten. Du wirst sehen, das macht echt Spaß. Manchmal unterhalten wir uns auch einfach so über die Geschichte."

200   Ich will auf das Leise hören

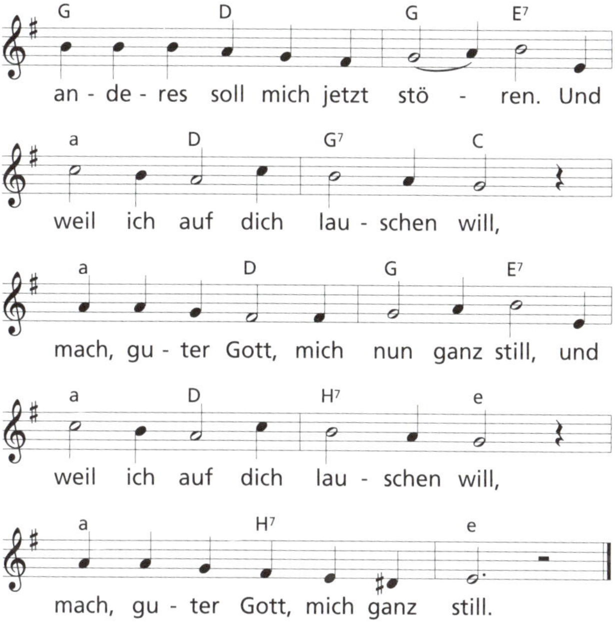

G D G E7
an - de - res soll mich jetzt stö - ren. Und
a D G7 C
weil ich auf dich lau - schen will,
a D G E7
mach, gu - ter Gott, mich nun ganz still, und
a D H7 e
weil ich auf dich lau - schen will,
a H7 e
mach, gu - ter Gott, mich ganz still.

T.: Wolfgang Longardt; M.: Andreas Hantke
Rechte (T.): Verlag Ernst Kaufmann, Lahr; Rechte (M.): Claudius Verlag, München

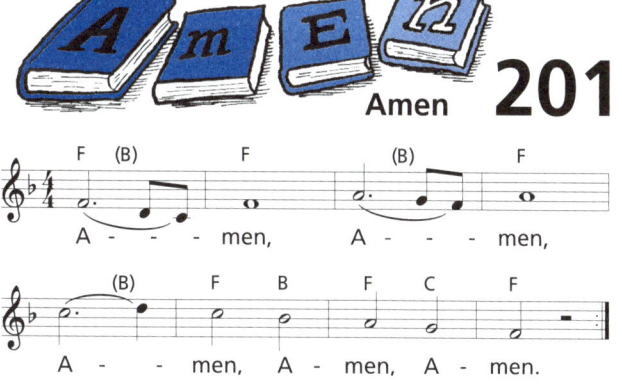

A m E n

Amen 201

F (B) F (B) F
A - - - men, A - - - men,
(B) F B F C F
A - - men, A - men, A - men.

Capo III, dann: II: D (G) I D I - (G) I D I - (G) I D G I D A I D :II

Spiritual

202 Schweige und höre

1. Schwei - ge und hö - re, nei - ge dei - nes
2. Ich will dir dan - ken, weil du mei - nen

Her - zens Ohr. Su - che den Frie - den!
Na - men kennst, Gott mei - nes Le - bens.

T.1. Strophe: Pater Michael Hermes, Rechte: Benediktiner Abtei Königsmünster Meschede;
T. 2. Strophe: Franz Reinhard Daffner; Rechte: beim Urheber

Großes Glaubensbekenntnis

Einer: Wir glauben, dass Gott uns lieb hat. Wir vertrauen
auf ihn und sprechen gemeinsam:

Einer: Ich glaube an Gott. Er ist wie ein Vater und eine
Mutter.

Alle: Ich glaube an Gott. Er ist wie ein Vater und eine
Mutter.

Einer: Er hat die ganze Welt und auch mich erschaffen.

Alle: Er hat die ganze Welt und auch mich erschaffen.

Einer: Ich glaube an Jesus Christus, seinen Sohn.

Alle: Ich glaube an Jesus Christus, seinen Sohn.

Einer: Er versteht alle meine Sorgen. Ich weiß, er hat mich
lieb.

Alle: Er versteht alle meine Sorgen. Ich weiß, er hat mich
lieb.

Einer: Für mich ist er am Kreuz gestorben und vom Tode
auferstanden.

Alle: Für mich ist er am Kreuz gestorben und vom Tode
auferstanden.

Einer: Ich glaube an den Heiligen Geist. Er ist Gottes gute
Kraft in meinem Leben.

Alle: Ich glaube an den Heiligen Geist. Er ist Gottes gute
Kraft in meinem Leben.

Einer: Durch die Taufe bin ich Gottes Kind und gehöre zur Gemeinschaft der Kirche.
Alle: Durch die Taufe bin ich Gottes Kind und gehöre zur Gemeinschaft der Kirche. Amen.

Herr, dein Wort   **203**

Herr, dein Wort ist mei-nes Fu-ßes Leuch-te

und ein Licht auf mei-nem We-ge.

T.: Psalm 119,105; M.: Rolf Schweizer; aus: MOSAIK 275, „Geistliche Spruchkanons"
Rechte: Fidula-Verlag Holzmeister GmbH, Koblenz, www.fidula.de

Kleines Glaubensbekenntnis

Einer: Ich glaube an Gott, den Vater.
Alle: Er hat Himmel und Erde und uns alle erschaffen.
Einer: Ich glaube an seinen Sohn Jesus Christus.
Alle: Er ist für uns geboren. Er ist für uns gestorben. Er ist für uns von den Toten auferstanden.
Einer: Ich glaube an den Heiligen Geist.
Alle: Er gibt uns neues Leben und führt uns in die Gemeinschaft mit Gott und allen Christen. Amen. 331

Eingeladen zum Leben

„Bei manchen Geschichten", erzählt Marco, „feiern wir ein Fest mit Essen, Trinken und Musik. Bei der Geschichte von der Hochzeit in Kana haben wir uns als Gäste verkleidet und zu Musik aus Israel getanzt. Alle haben mitgefeiert. Das war fast wie bei einer richtigen Hochzeit.

Immer wieder feiern wir auch ein Tauffest für die Kinder, die Tauftag hatten. Da brennt dann unsere Taufkerze, und alle Kinder, die Tauftag feiern, bekommen ein kleines Geschenk."

Komm, sag es allen weiter

204

Kehrvers

Komm, sag es al - len wei - ter, ruf es in

je - des Haus — hi - nein! Komm, sag es al - len

wei - ter: Gott sel - ber lädt — uns ein.

Strophen

1. Sein Haus hat off - ne Tü - ren, er

ruft uns in Ge - duld, will al - le zu sich

füh - ren, auch die mit Not und Schuld. —

2. Wir haben sein Versprechen:
Er nimmt sich für uns Zeit,
wird selbst das Brot uns brechen, kommt, alles ist bereit.

3. Zu jedem will er kommen,
der Herr in Brot und Wein.
Und wer ihn aufgenommen, wird selber Bote sein.

Capo III, dann: D G I D I G I D A I D G I D (G) I (D) A I D II
- I - I - I A I D I - I - I E(7) I A(7) II

T.: Friedrich Walz; M.: Spiritual
Rechte: Gustav Bosse Verlag/© Bärenreiter-Verlag, Kassel

205 Wir sind eingeladen

Wir sind ein-ge-la-den zum Le-ben, un-ser
Gast-ge-ber ist Gott, ja Gott! Sei-ne Lie-be will er
uns ge-ben, ist das nicht ein An-ge-bot?

1. Wir dan-ken Gott, und wir klat-schen und
freu-en uns, wir dan-ken Gott, und wir
klat-schen und freu-en uns, wir dan-ken
Gott, und wir klat-schen und freu-en uns, denn
Gott lädt uns ein!

2. Wir danken Gott, und wir schnipsen und freuen uns...

3. Wir danken Gott, und wir stampfen und freuen uns...

4. Wir danken Gott, und wir schreien und freuen uns...

5. Wir danken Gott, und wir flüstern und freuen uns...

Capo II, dann: - I C G I a e I F G I C G I C G I a e I F G I C G II
C a I F G I C a I F G I C a I F G I F I G I - II

T. u M.: Knut Trautwein-Hörl,
Rechte: Beim Urheber

206 Kommt, wir teilen das Brot

1. Kommt, wir tei-len das Brot am Tisch des Herrn, kommt, wir tei-len das Brot am Tisch des Herrn, tei-len wir uns die-ses Brot, tei-len wir auch Glück und Not. Er-barm dich, Herr, ü-ber uns!

2. Kommt, wir teilen den Wein am Tisch des Herrn, –
teilen wir uns diesen Wein,
wird der Friede nahe sein.
Erbarm dich, Herr, über uns!

3. Kommt, wir teilen die Gaben unseres Herrn, –
denn, wer glaubt, dass Gott ihn liebt,
wird nicht ärmer, wenn er gibt.
Erbarm dich, Herr, über uns!

Capo II, dann: - I C I F G I C I F G I C I G F I d I G I C I (C7) I d I G(7) I
C I d G(7) I C F I C II

T.: Friedrich Walz; M.: Spiritual
Rechte: Strube Verlag GmbH, München

**Wir teilen Brot,
wir teilen Saft**

207

Wir tei - len Brot,___ wir tei - len Saft___
Brot, das uns stärkt,___ Le - ben er - hält.

und bit - ten Gott___ um neu - e Kraft,
Brot ist der Him - mel – Brot für die Welt,___

das Le - ben zu be - ste - hen.___
– Korn aus Got - tes Er - de.___

T. und M.: Bernd Schlaudt
Rechte: beim Autor

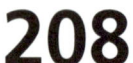

208 Lasst uns feiern

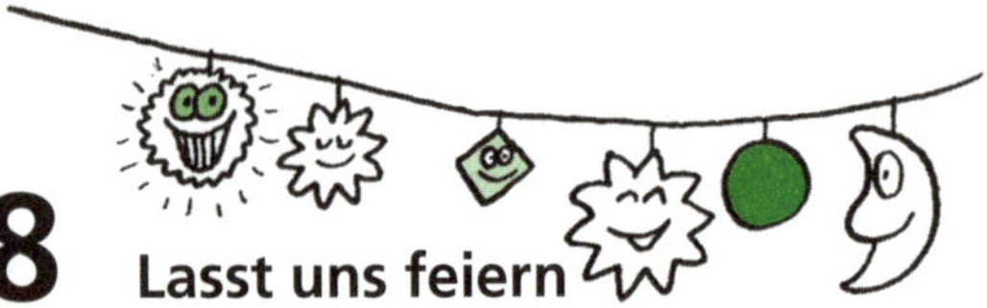

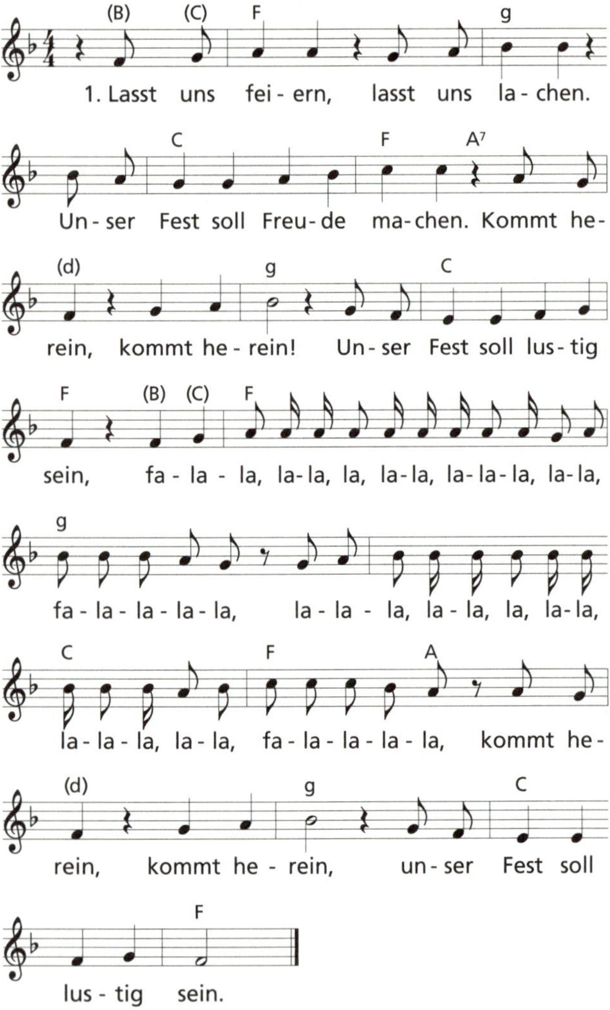
1. Lasst uns fei - ern, lasst uns la - chen.
Un - ser Fest soll Freu - de ma - chen. Kommt he -
rein, kommt he - rein! Un - ser Fest soll lus - tig
sein, fa - la - la, la - la, la, la - la, la - la - la, la - la,
fa - la - la - la - la, la - la - la, la - la, la, la - la,
la - la - la, la - la, fa - la - la - la - la, kommt he -
rein, kommt he - rein, un - ser Fest soll
lus - tig sein.
(B) (C) F g
C F A7
(d) g C
F (B) (C) F
g
C F A
(d) g C
F

2. Lasst uns tanzen, lasst uns singen.
Unser Fest soll Freude bringen.
Kommt herein, kommt herein!
Unser Fest soll fröhlich sein.

3. Lasst uns trinken, lasst uns essen.
Keiner wird beim Fest vergessen.
Kommt herein, kommt herein!
Keiner soll heut hungrig sein.

4. Lasst uns jetzt die Hände geben.
Keiner steht beim Fest daneben.
Kommt herein, kommt herein!
Keiner soll heut traurig sein.

5. Lasst zum Fest die Sonne scheinen.
Tröstet die, die heute weinen.
Kommt herein, kommt herein!
Keiner soll heut traurig sein.

6. Lasst uns gut zusammen leben
und dem anderen vergeben.
Kommt herein, kommt herein!
Einer lädt den andern ein.

Capo III, dann: (G) (A) I D I e I A I D (fis) I (h) I e I A I D (G) (A) I D I e I
- A I D (fis) I (h) I e I A I D II

T.: Rolf Krenzer; M.: Peter Janssens; aus: Josef zwischen Wohlstaat und Armewelt, 1980
Rechte: Peter Janssens Musik Verlag, Telgte

Vater, hörst du mich?

„Da wär ich auch gern dabei," sagt Achim, „das klingt ja wirklich wie ein Geburtstagsfest oder so." Marco freut sich, dass es seinem Freund gefällt, und er berichtet weiter:

„Nach dem Fest singen wir ein Lied und bitten Gott um seinen Schutz für unsere Eltern und Familien, für kranke und hungrige Kinder, für uns und alle anderen Kinder auf der Welt. Jeder von uns darf eine Bitte sagen, eine Kerze anzünden und vor den Altar stellen. Ute sagt oft einiges von dem, was wir ihr am Anfang erzählt haben, im Gebet Gott. Nach der letzten Bitte beten wir gemeinsam das Vaterunser."

Vater unser, Vater im Himmel

209

1. Va - ter un - ser, Va - ter im Him - mel.

1.–5. Ge - hei - ligt wer - de dein Na - me! 1. Dein

Reich kom - me. Dein Wil - le ge - sche - he.

1.–5. Ge - hei - ligt wer - de dein Na - me.

2. Wie im Himmel, so auch auf Erden. Geheiligt ...
Unser tägliches Brot gib uns heute. Geheiligt ...

3. Und vergib uns unsere Schulden. Geheiligt ...
Wie auch wir vergeben unseren Schuldnern. Geheiligt ...

4. Und führ uns, Herr, nicht in Versuchung. Geheiligt ...
Sondern erlöse uns von dem Bösen. Geheiligt ...

5. Denn dein ist das Reich und die Kraft. Geheiligt ...
Und die Herrlichkeit in Ewigkeit. Amen. Geheiligt ...

T.: Ernst Arfken (n. Matth.); M.: aus Amerika
Rechte: Strube Verlag GmbH, München

210 Vater unser im Himmel

Va-ter un-ser im Him-mel, ge-hei-ligt
wer-de dein Na - me. Dein Reich
kom - me, dein Wil-le ge-sche-he
wie im Him-mel so auf Er -
den. Un-ser täg-li-ches
Brot gib uns heu - te. Und vergib uns un-se-re Schuld, wie auch
wir ver-ge-ben un-sern Schul - di-

1. C gern.
2. C gern.

C Und
E füh - re
a uns

F nicht in
Ver - su -
G
C chung,

F son - dern
e er -
d lö - se
C uns
F von
G dem

C Bö - sen.
G Denn dein ist das
C Reich und die

G Kraft und die
C Herr - lich - keit in
F E - wig -
e keit,

d A - men.
C
F A -
G
C men.

M.: Peter Janssens; aus: Wir haben einen Traum, 1972
Rechte: Peter Janssens Musik Verlag, Telgte

Schlussgebet

Lieber Gott, wir haben miteinander Gottesdienst gefeiert.
Wir haben gesungen, gebetet und deine Botschaft gehört.
Dafür danken wir dir.
Jetzt gehen wir alle wieder nach Hause.
Sei du mit uns in der neuen Woche
und an jedem Tag. Amen.

343

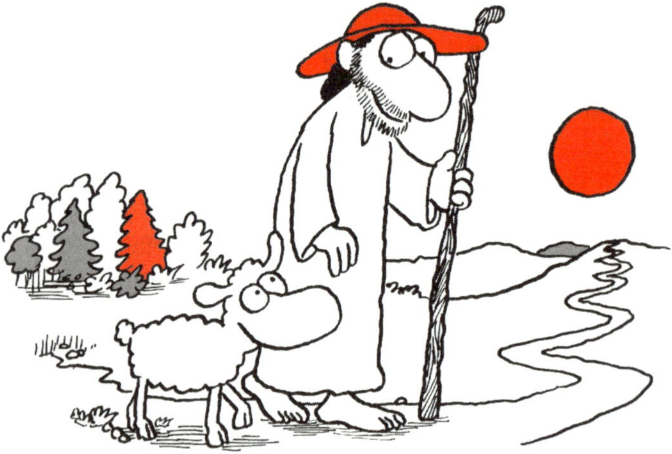

211 Ich möcht, dass einer mit mir geht

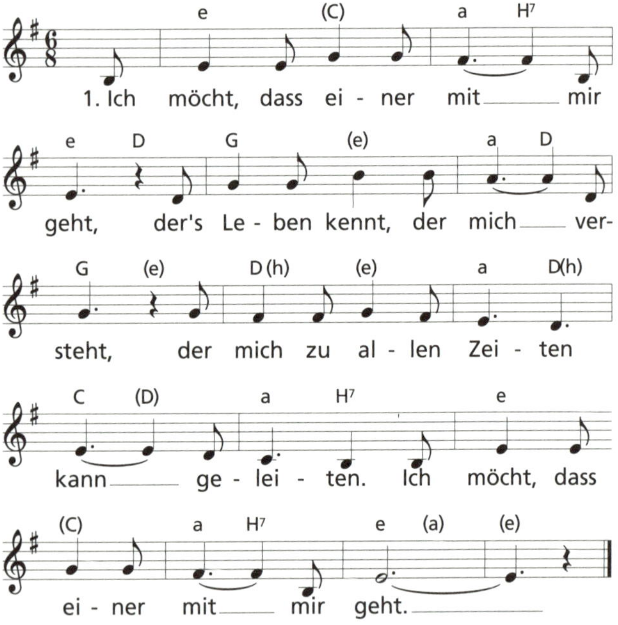
e (C) a H7
1. Ich möcht, dass ei - ner mit mir
e D G (e) a D
geht, der's Le - ben kennt, der mich ver-
G (e) D (h) (e) a D(h)
steht, der mich zu al - len Zei - ten
C (D) a H7 e
kann ge - lei - ten. Ich möcht, dass
(C) a H7 e (a) (e)
ei - ner mit mir geht.

2. Ich wart, dass einer mit mir geht,
der auch im Schweren zu mir steht,
der in den dunklen Stunden mir verbunden.
Ich wart, dass einer mit mir geht.

3. Es heißt, dass einer mit mir geht,
der 's Leben kennt, der mich versteht,
der mich zu allen Zeiten kann geleiten.
Es heißt, dass einer mit mir geht.

4. Sie nennen ihn den Herren Christ,
der durch den Tod gegangen ist;
er will durch Leid und Freuden mich geleiten.
Ich möcht, dass er auch mit mir geht.

T. und M.: Hanns Köbler
Rechte: Gustav Bosse Verlag/© Bärenreiter-Verlag, Kassel

Das Vaterunser

Vater unser im Himmel.
Geheiligt werde dein Name.
Dein Reich komme.
Dein Wille geschehe,
wie im Himmel, so auf Erden.
Unser tägliches Brot gib uns heute,
und vergib uns unsere Schuld,
wie auch wir vergeben unsern Schuldigern.
Und führe uns nicht in Versuchung,
sondern erlöse uns von dem Bösen.
Denn dein ist das Reich
und die Kraft
und die Herrlichkeit
in Ewigkeit. Amen.

345

212 Kyrie eleison

Kehrvers

Ky - ri - e e - lei - son, Va - ter, hörst du mich? Ky - ri - e e - lei - son, Herr, er - bar - me dich. 1. Gibt es bei uns Är - ger, lass ihn schnell ver - gehn, dass wir uns zu Hau - se wie - der gut ver - stehn.

2. Schütze uns vor Krankheit und vor Schmerzen und, wenn jetzt einer krank ist, mach ihn bald gesund.

3. Muss heut einer weinen, lass ihn nicht allein, lass ihn wieder lachen und sich wieder freun.

4. Tröste, die in Not sind, Hungrige mach satt.
Lass den Freunde finden, der sonst keine hat.

5. Hilf doch jedem Menschen, der heut einsam ist.
Lass ihn selber spüren, dass du bei ihm bist.

6. Gott, dass deinen Tieren keiner mehr was tu.
Dass die Welt zerstört wird, lass es nicht mehr zu!

7. Lass die Kriege sterben, hilf uns zu verzeihn,
und lass deinen Frieden immer in uns sein.

8. Gib auf alle Kinder deiner Erde Acht
und gib keinem Menschen über andre Macht.

9. Mut und Kraft zum Handeln schenk uns allezeit.
Mach für deine Liebe unser Herz bereit.

Capo III, dann:
A I D I e A I D I A I D I e A I D I A I D I e I A I - I D I e A I D II

T.: Rolf Krenzer, M.: Paul G. Walter
Rechte: Edition SEEBÄR-Musik
Stephen Janetzko,
www.kinderliederhits.de

Schlussgebet

Guter Gott, viele Kinder leiden Not in dieser Welt.
Wir rufen zu dir: Herr, erbarme dich!
Wir bitten dich für die Kinder, die krank sind
und Schmerzen leiden. Wir rufen zu dir: Herr, erbarme dich!
Wir bitten dich für die Kinder, die unter Krieg in ... und
Hunger in ... leiden.
Wir rufen zu dir: Herr, erbarme dich!
Wir bitten dich für die Kinder, die kein Zuhause haben
oder auf der Flucht sind.
Wir rufen zu dir: Herr, erbarme dich!
Wir bitten dich für die Kinder, die durch einen Unfall
oder durch Katastrophen Leid erfahren
und verzweifelt sind.
Wir rufen zu dir: Herr, erbarme dich!
Wir bitten dich für die Kinder, die ... .
Wir rufen zu dir: Herr, erbarme dich!
Amen.

Bewahre uns, Gott

„Zum Schluss", erzählt Marco, „singen wir ein Segenslied. Meistens sprechen wir gemeinsam den Segen, oder Peter liest einen Segensspruch vor. Dann bekommen wir unsere Kinderzeitung; Peter und Ute laden uns zum nächsten Gottesdienst ein und besprechen, ob wir dafür spezielle Dinge mitbringen sollen. Dann verabschieden wir uns."

„Und da kann ich einfach so mitkommen? Ich war erst zweimal in der Kirche." „Klar kannst du da einfach mitkommen. Jeder ist eingeladen. Ich hol dich morgen früh ab."

Bewahre uns, Gott 213

1. Be - wah - re uns, Gott, be - hü - te uns,
Gott, sei mit uns auf un - sern We - gen.

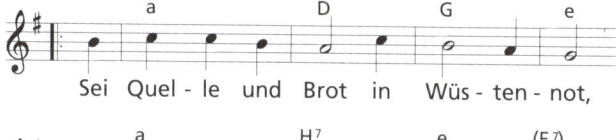

Sei Quel - le und Brot in Wüs - ten - not,

sei um uns mit dei - nem Se - gen.

2. Bewahre uns, Gott, behüte uns, Gott,
sei mit uns in allem Leiden.
Voll Wärme und Licht im Angesicht,
sei nahe in schweren Zeiten,
voll Wärme und Licht im Angesicht,
sei nahe in schweren Zeiten.

3. Bewahre uns, Gott, behüte uns, Gott,
sei mit uns vor allem Bösen.
Sei Hilfe und Kraft, die Frieden schafft,
sei in uns, uns zu erlösen,
sei Hilfe und Kraft, die Frieden schafft,
sei in uns, uns zu erlösen.

4. Bewahre uns, Gott, behüte uns, Gott,
sei mit uns durch deinen Segen.
Dein Heiliger Geist, der Leben verheißt,
sei um uns auf unsern Wegen,
dein Heiliger Geist, der Leben verheißt,
sei um uns auf unsern Wegen.

T.: Eugen Eckert; M.: Anders Ruuth
Rechte (T): Strube Verlag GmbH, München; Rechte (M): Carus Verlag, Stuttgart

214 Geh mit Gottes Segen

Geh mit Got-tes Se-gen, mach dich
auf den Weg! Geh mit sei-nem
Se-gen, er wird bei dir sein.

T. und M.: Johannes Blohm
Rechte: beim Autor

Schluss-Segen

Es segne uns Gott der Vater,
er sei der Raum, in dem wir leben.
Es segne uns Jesus Christus,
er sei der Weg, auf dem wir gehen.
Es segne uns Gott der Heilige Geist,
er sei das Licht, das uns zur Wahrheit führt.
Amen.

Viele kleine Leute an vielen kleinen Orten

215

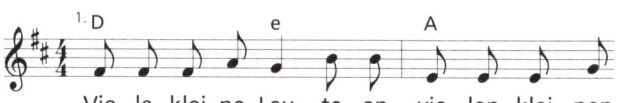

1. Vie - le klei - ne Leu - te an vie - len klei - nen

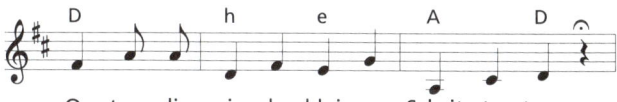

Or - ten, die vie le klei - ne Schrit - te tun,

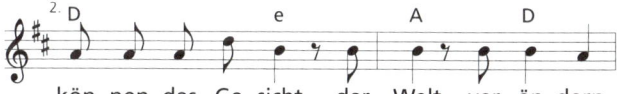

2. kön - nen das Ge - sicht der Welt ver - än - dern,

kön - nen nur zu - sam - men das Le - ben be - stehn.

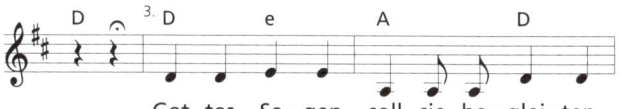

3. Got - tes Se - gen soll sie be - glei - ten,

wenn sie ih - re We - ge gehn.

Capo II, dann: ‖: C d I G C I a d I G C :‖

T. und M.: Bernd Schlaudt
Rechte: beim Autor

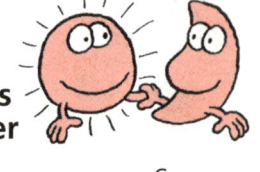

216 Gott sagt uns immer wieder

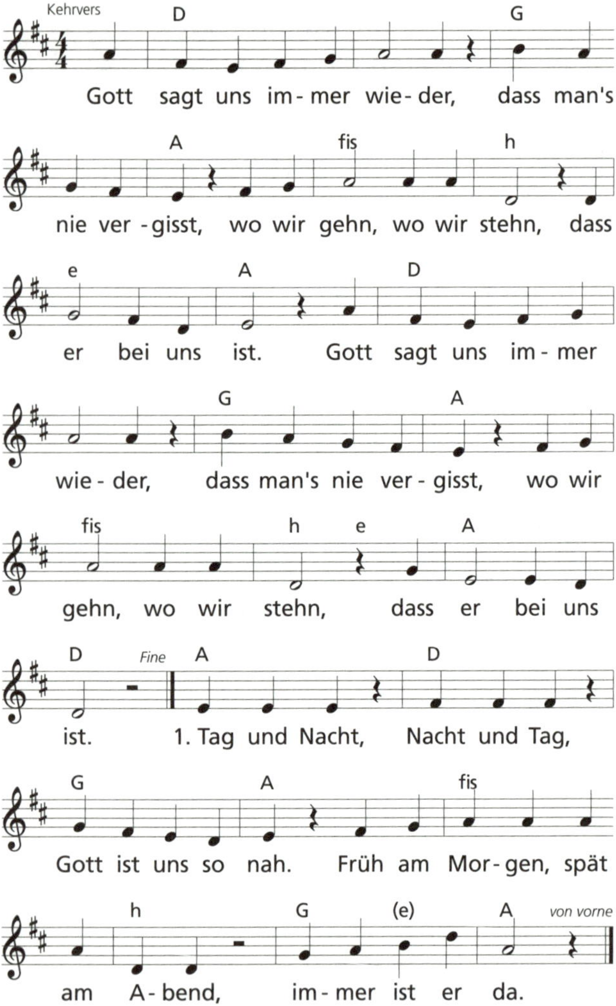
Kehrvers
D G
Gott sagt uns im - mer wie - der, dass man's
A fis h
nie ver - gisst, wo wir gehn, wo wir stehn, dass
e A D
er bei uns ist. Gott sagt uns im - mer
G A
wie - der, dass man's nie ver - gisst, wo wir
fis h e A
gehn, wo wir stehn, dass er bei uns
D Fine A D
ist. 1. Tag und Nacht, Nacht und Tag,
G A fis
Gott ist uns so nah. Früh am Mor - gen, spät
h G (e) A von vorne
am A - bend, im - mer ist er da.

2. Das macht Mut und gibt Trost: Gott ist uns so nah.
Was kann uns denn noch erschrecken? Immer ist er da.

3. Wo wir sind, was wir tun, Gott ist uns so nah.
Er lässt uns niemals alleine. Immer ist er da.

4. Lacht und singt, tanzt und springt. Gott ist uns so nah.
Sagt es weiter allen Leuten: Immer ist er da.

5. Schaut euch an! Denkt daran: Gott ist uns so nah.
Mag die Welt sich weiter drehen, immer ist er da.

Capo II, dann: - I C I - I F I G I e I a I d I G I C I - I F I G I e I a d I G I
C II G I C I F I G I e I a I F (d) I G II

T.: Rolf Krenzer; M.: Peter Janssens; aus: Gott zieht vor uns her, 1990
Rechte: Peter Janssens Musik Verlag, Telgte

Wir stehen im Kreis

Dabei halten wir uns an den Händen und sprechen:
Unser Gottesdienst ist zu Ende.
Wir gehen jetzt nach Hause.
Wie wir uns an den Händen halten,
so hält uns Gott an seiner Hand.
Keiner von uns ist alleine.
Der Herr segne uns und behüte uns.
Amen.

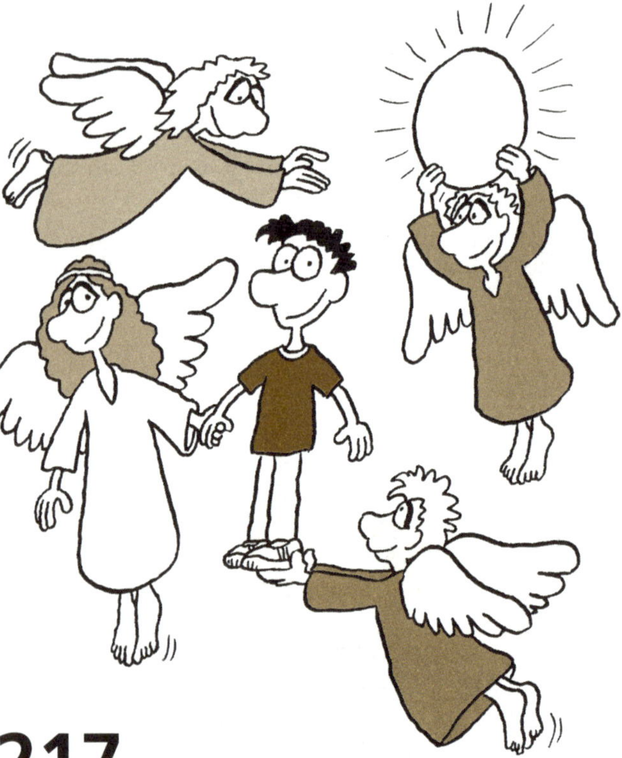

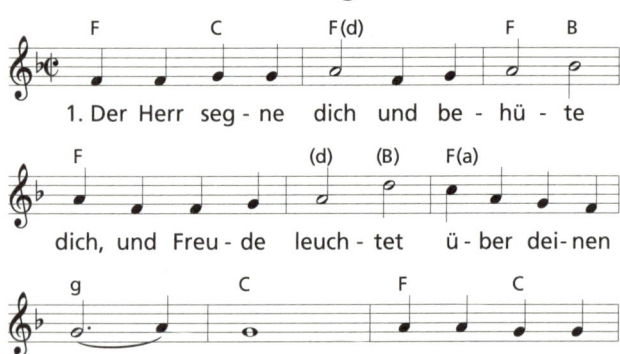

217 Der Herr segne dich

F C F(d) F B
1. Der Herr seg - ne dich und be - hü - te
F (d) (B) F(a)
dich, und Freu - de leuch - tet ü - ber dei - nen
g C F C
We - - - gen. Der Herr seg - ne

dich und be - hü - te dich, in sei - ne

Hän - de kannst du al - les le - - -

gen. A - men, A - men, A - - -

men, du gehst nicht al - lein.

A - men, A - men, A - -

men, es wird Frie - de sein.

2. Der Herr segne dich und behüte dich,
der auch den fernsten Stern beim Namen nennt.
Der Herr segne dich und behüte dich;
er ist's, der auch dein Licht und Dunkel kennt.

3. Der Herr segne dich und behüte dich;
er ging für dich den Weg, der Liebe heißt.
Der Herr segne dich und behüte dich;
er leitet dich mit seinem guten Geist.

Capo III, dann: D A I D(h) I D G I D I (h) (G) I D(fis) I e I A I D A I
D(h) I G I D I (h) G(h) I D(fis) G I A I D II D G I D(fis) I G I D I D(h) I A I
D I - I D G I D(h) I G I D I D(h) I A I D I - II

T. und M.: Ulrich Gohl
Rechte: Carus Verlag, Stuttgart

218 Nun segne und behüte uns

1. Nun seg - ne und be - hü - te uns, zeig
uns dein An - ge - sicht. Dein Frie - de leuch - te
ü - ber - all. Gott, komm! Ver - lass uns nicht!
Dein Frie - de leuch - te ü - ber - all. Gott
komm! Ver - lass uns nicht!

2. Du segnest, dass wir als dein Volk
der Zeit ein Segen sind.
II: Dein Geist erwirkt Gerechtigkeit.
Hilf, dass sie bald beginnt! :II

3. Dein Segen, deine Güte reicht,
so weit der Himmel ist.
II: Dass diese Welt bewohnbar bleibt,
das gib uns, Jesus Christ. :II

4. Im Segen gehn, zusammenstehn
für deine neue Welt.
II: Wir legen dafür Hand in Hand,
weil deine Hand uns hält. :II

T.: Wolfgang Töllner; M.: Peter Bubmann (CD)
Rechte: Strube Verlag GmbH, München

Schluss-Segen

Der Herr segne uns und das, was wir tun.
Er behüte uns und die, mit denen wir zusammen sind.
Er lasse sein Angesicht leuchten über uns
und über denen, mit denen wir im Streit leben.
Er sei uns gnädig, den Großen und Kleinen,
Frohen und Traurigen,
Kranken und Gesunden.
Er erhebe sein Angesicht auf uns
und alle Menschen.
Er gebe uns und der ganzen Welt Frieden.
Amen.

Gehn wir in Frieden 219

Gehn wir ___ in Frie - den, gehn wir ___ in
Frie - den. Gehn wir ___ in Frie - den den
Weg, den wir ___ ge - kom - men.

Capo III, dann: ‖: D G I D G I e A I D(h) A I D G I D G I e A I G D :‖

dt. Text und Satz: Heinz Lemmermann; Orig.: Hambani kahle, Abschiedslied aus Afrika
aus: „DIE ZUGABE", Band 3
Rechte: Fidula-Verlag Holzmeister GmbH, Koblenz, www.fidula.de

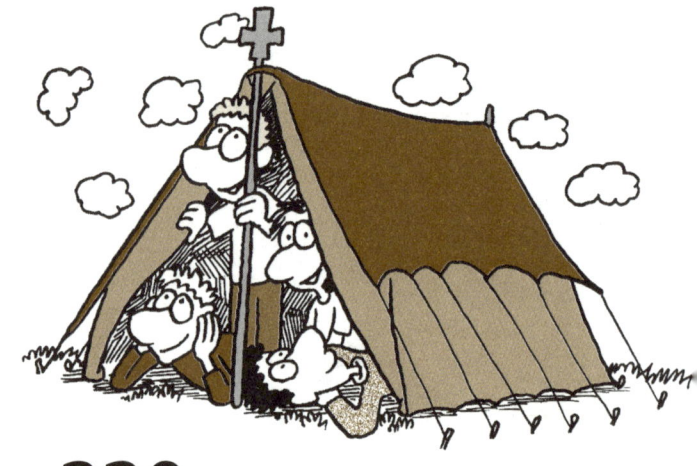

220 Gott, dein guter Segen

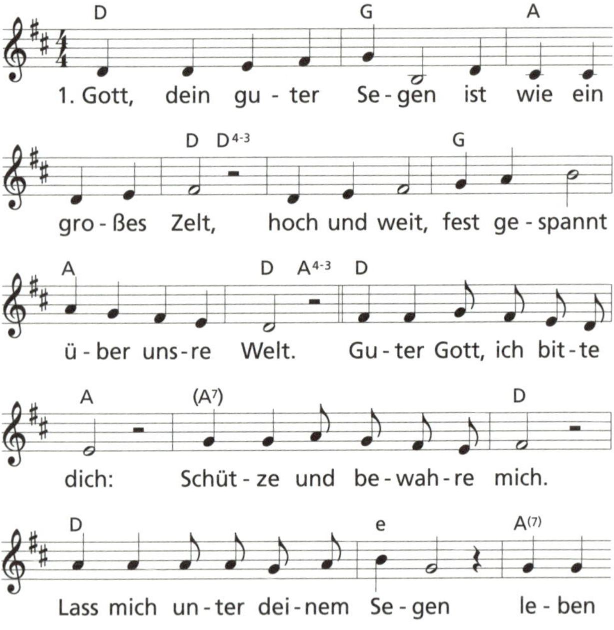
D G A
1. Gott, dein gu - ter Se - gen ist wie ein
D D4-3 G
gro - ßes Zelt, hoch und weit, fest ge - spannt
A D A4-3 D
ü - ber uns - re Welt. Gu - ter Gott, ich bit - te
A (A7) D
dich: Schüt - ze und be - wah - re mich.
D e A(7)
Lass mich un - ter dei - nem Se - gen le - ben

und ihn wei - ter - ge - ben. Blei - be
bei uns al - le - zeit, seg - ne uns,
seg - ne uns, denn der Weg ist weit.

2. Gott, dein guter Segen ist wie ein helles Licht,
leuchtet weit allezeit in der Finsternis.
Guter Gott, ich bitte dich:
Leuchte und erhelle mich...

3. Gott, dein guter Segen ist wie des Freundes Hand,
die mich hält, die mich führt in ein weites Land.
Guter Gott, ich bitte dich:
Führe und begleite mich...

4. Gott, dein guter Segen ist wie der sanfte Wind,
der mich hebt, der mich trägt wie ein kleines Kind.
Guter Gott, ich bitte dich:
Stärke und erquicke mich...

5. Gott, dein guter Segen ist wie ein Mantelkleid,
das mich wärmt und beschützt in der kalten Jahreszeit.
Guter Gott, ich bitte dich:
Tröste und umsorge mich...

6. Gott, dein guter Segen ist wie ein weiches Nest.
Danke, Gott, weil du mich heute leben lässt.
Guter Gott, ich danke dir. Deinen Segen schenkst du mir,
und ich kann in deinem Segen leben und ihn weitergeben.
Du bleibst bei uns allezeit,
segnest uns, segnest uns, denn der Weg ist weit.

T.: Reinhard Bäcker; M.: Detlev Jöcker
aus: Buch, CD und MC „Viele kleine Leute"
Rechte: Menschenkinder Verlag und Vertrieb GmbH, Münster c/o Melodie der Welt
GmbH & Co, KG, Frankfurt/Main

Alphabetisches Verzeichnis der Lieder

Quellennachweis der geschützten Zwischentexte

Seite 15 und 35: Aus: Christiane Dusza: Bei Gott ist es wie in einem Nest. Leise und laute Gebete.
© Agentur des Rauhen Hauses, Hamburg 2001

Seite 189: Der liebe Gott sieht alles (Was ein Kind gesagt bekommt), aus: Bertolt Brecht, Werke. Große kommentierte Berliner und Frankfurter Ausgabe, Band 14, Gedichte 4.
© Bertolt-Brecht-Erben / Suhrkamp Verlag 1993

Seite 197: Was uns die Angst nimmt.
© Max Bolliger. Nachlassverwaltung Robert Fuchs und Anke Hees

Seite 207: Joan W. Anglund; Ein Freund ist jemand, der dich gern hat. Walter Verlag, Olten

Seite 237: Michael Kumpe, Die kleine Erde, aus: Hans-Joachim Gelberg (Hrsg), Überall und neben dir. Beltz Verlag, Weinheim. Rechte beim Autor

Seite 246: Rechte beim Autor

Seite 249: Aus: Heidi und Jörg Zink, Gebete für Kinder. Stuttgart, 1985–2004. Rechte: © Heidi Zink